从精益生产到智能制造

汽车智能生产执行系统实务

江支柱　董宝力　编著

机械工业出版社

汽车行业正逐步从大批量生产向多品种、小批量的柔性生产过渡。本书为"从精益生产到智能制造"丛书中的一册，书中以丰田生产模式和智能制造为背景，以智能生产执行系统（MES）为核心，从汽车生产计划、四大工艺（冲压、焊装、涂装、总装）等方面，详细介绍MES的业务功能设计与应用案例。

本书可供高校工业工程、物流、自动化、企业管理等相关专业学生学习，也可供汽车企业生产管理与信息化管理人员，以及智能制造相关领域的技术人员参考。

图书在版编目（CIP）数据

汽车智能生产执行系统实务 / 江支柱，董宝力编著. —北京：机械工业出版社，2018.3（2024.8 重印）
（从精益生产到智能制造）
ISBN 978-7-111-60462-4

Ⅰ.①汽… Ⅱ.①江… ②董… Ⅲ.①丰田汽车公司—汽车—智能制造系统 Ⅳ.①F431.364

中国版本图书馆 CIP 数据核字（2018）第 159895 号

机械工业出版社（北京市百万庄大街22号 邮政编码100037）
策划编辑：赵海青　　责任编辑：赵海青
责任校对：王　欣　　责任印制：张　博
北京雁林吉兆印刷有限公司印刷
2024 年 8 月第 1 版第 5 次印刷
180mm×250mm·16.75 印张·290 千字
标准书号：ISBN 978-7-111-60462-4
定价：69.00 元

电话服务　　　　　　　　　网络服务
客服电话：010-88361066　　机　工　官　网：www.cmpbook.com
　　　　　010-88379833　　机　工　官　博：weibo.com/cmp1952
　　　　　010-68326294　　金　书　网：www.golden-book.com
封底无防伪标均为盗版　　　机工教育服务网：www.cmpedu.com

丛书序一 Preface

随着中国制造业的转型升级，新兴技术的不断推动，制造企业对精益生产与智能制造的需求日益强烈。不少企业纷纷聚焦于精益生产与智能制造的企业应用。但是，无论是精益生产，还是智能制造，都是一项长期、复杂的系统工程，要求实施企业需要具有一定的基础和方法。

友嘉集团作为全球最大汽车整厂自动化生产设备供货商和全球第三大机床制造集团，自20世纪初开始导入精益生产体系，目前也在向智能制造方向迈进。在精益体系持续导入的基础上，友嘉集团着力构建以"精益生产+智能工厂"为核心的智能制造建设，建立精益化、数字化、智能化工厂。在导入的过程中，通过不断学习与实践，感悟精益生产与智能制造的本质，充分意识到精益理念与智能制造基础是智能工厂导入的关键，二者密不可分。

智能制造是以信息化、自动化和智能化三化合一的一个渐进过程，其中生产过程的合理化与标准化是前提。就企业生产管理而言，组织、流程与系统是最主要的三个元素，是企业成功的关键。组织、流程与系统三者可以形象地比喻为：组织是器官，流程是血液，系统是神经。企业只有通过不断内外兼修，才能不断提升生产管理水平。

生产组织的层次粒度包括行业、联盟、供应链、企业、车间、班组等。对智能制造而言，组织聚焦于数字化车间。数字化车间将信息、网络、自动化、现代管理与制造技术相结合，从而实现面向敏捷、柔性生产。生产执行系统（MES）是数字化车间的核心，通过MES实现生产过程的数字化、透明化与智能化。

流程是生产业务和组织运作的主线与固化结果。流程外化表现为体系与标准。而对流程的优化主要是基于精益的思想，从品质、成本、效率、交期等方面展开。流程的合理化与标准化是智能制造的基础，决定了智能制造的实施效果。

对智能制造而言，系统包括两个层面的含义。首先，系统是实现组织正常流程运作的外化产物。智能制造需要根据企业的具体情况，思考如何搭建与企业现状与未来发展相匹配的各种加工设备、自动化系统、信息系统、物流系统等。其次，智能制造涉及大量系统建设，企业应该从自身需求出发，整体性方面思考智能制造的内容、主次和系统间的集成，做到量力而行和循序渐进。

本丛书作者江支柱先生作为丰田生产方式的资深实践专家，长期从事于汽车行业、机械行业、电子行业的精益生产体系导入与相关系统规划，也曾作为友嘉集团的制造长，在集团推行友嘉新生产方式（FNPS）。本丛书作为一本精益生产与智能制造相结合的实务性书籍，对汽车行业车间级的生产执行系统、生产与物流的精益手法以及系统间的整合集成等内容进行系统、深入研究，书中包含了大量的实务方法与企业应用案例。对目前智能制造热潮而言，本丛书的出版恰逢其时。希望本丛书能够对中国制造业水平提升起到一定的帮助作用。

友嘉集团副总裁

丛书序二 Preface

随着新一代信息通信技术与先进制造技术的深度融合，全球兴起以智能制造为代表的新一轮产业变革，多品种、小批量的精益柔性生产和以数字化、网络化、智能化为特征的智能制造成为制造业未来发展方向。

丰田生产方式是工业工程与日式生产管理文化结合的产物。精益生产在丰田生产方式基础上，逐步完善并得到普遍推广。精益生产有别于大批量生产，更着眼于多品种、小批量生产背景下的理念创新和方法实践，如平准化计划、流程化生产与看板拉动等的核心运作方式。同时，精益生产另一特点是低成本与人的主观参与，如多能工、自働化等。精益生产体现了效率兼顾成本、生产融合物流、人员产线柔性等生产哲理。

智能制造包括智能生产系统与智能物流系统。通过二者的导入，制造企业实现对各种生产资源要素的组织决策、运作管理与生产执行，达成质量、交期、成本的综合最优。智能生产是一种信息化与自动化高度融合，信息流和物流高效运作的复杂生产系统。

由于智能制造导入需要巨大的人力、物力、智力与财力。为了降低实施与应用的失败风险，企业在智能生产导入时需要结合自身需求与基础，以先进的精益生产管理理念为主轴，变革生产管理思想，优化生产业务流程，健全生产管理体系，数据量化分析与决策，做好系统性的前瞻顶层设计与业务基础规范。在管理模式优化基础上，采用自动化和信息化技术，实现对现有生产模式的创新和生产系统的优化。

智能制造是中国制造由大到强的一种路径选择。在中国制造业现有工业化基础整体不强、管理短板明显的大背景下，"智能制造，精益先行"的理念对智能制造的导入尤为重要。精益生产体系作为智能制造实施的重要基础和前提，其生产理念与方法体系对智能制造不可或缺。

本丛书首先从技术、理念、管理、组织等方面对精益生产与智能制造进行了分析，从智能生产的生产和物流两大核心业务对精益智能生产模式进行了系统性思考与整体性规划，全面介绍相关使能技术。

汽车行业是一个产品多样化、技术密集型、设备自动化、生产柔性化和复杂供应链的生产系统。大批量生产、丰田生产方式、柔性生产系统等先进生产模式均最早应用于汽车行业，精益生产与智能制造在汽车行业应用范围更广、程序更深，因此，汽车行业可以视为制造业未来发展的风向标。本丛书以汽车行业的典型生产过程与物流模式为对象，系统介绍了汽车行业生产执行系统与精益物流系统的相关理论、框架以及实践案例，从系统层面对其业务流程、功能架构与实务案例进行详细阐述。

本丛书融合智能制造技术与精益生产管理理念，为智能制造与精益生产的落地开花提供了一种可行的导入模式。不同企业的目标、愿景和基础存在差异，因此智能制造的实现路径是多样的。作为一名精益生产与智能制造的研究者和实践者，一方面希望百花齐放，但同时也更希望找到一条适合中国制造业的普适性路径。智能制造的中国之路任重而道远，希望借助本丛书，广大读者一起努力思考与实践。

浙江工业大学工业工程与物流系教授

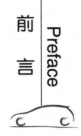

前言 Preface

当前，面向用户个性化需求的柔性生产与快速响应成为制造业的发展趋势，同时也成为传统制造企业生产体系与供应链的一个重大挑战，制造企业需要思考与建立与之相适应的生产模式与实现方式。

精益生产（Lean Production，LP）源自日本的丰田生产方式（Toyota Production System，TPS），作为丰田制胜的法宝，精益生产在全球被广泛运用。精益生产的原则和实践可以概括为快速应变与制造，按需求拉动生产，供应链精益，达成质量、成本、速度三者均衡。随着工业自动化、生产信息化、物联网、人工智能等新兴技术的发展与应用，智能制造已经成为制造业转型升级的重要战略。智能制造通过流程与设备互连，建立数字化车间平台，连接人、机、料。精益生产注重流程优化与效率提升，而智能生产着重于互联、敏捷与柔性。二者本质是相互融合的。在工业化与信息化的融合过程中，只有精益生产的人才、数据、流程的体系建立后，智能制造的导入才能顺利。

精益智能生产涉及自动化与信息化建设、品质保证与过程控制、物流与供应链管理等众多内容。当前随着智能制造的兴起，部分企业在导入智能制造时，在整体规划、基础搭建、实施方法等环节存在一定的认知与实现误区。因此，编写一套系统性介绍基于精益思想的智能生产系统规划书籍显得十分重要。

汽车行业作为模块化设计、并行工程、大批量定制、精益生产、柔性生产系统等先进生产模式的先行者，其在精益智能生产的应用实践上具有一定的代表性和趋势性。本丛书分为两册，分别为《汽车智能生产执行系统实务》《汽车精益智能物流系统实务》，主要是以汽车整车厂为对象，以精益生产的平准化与一个流等为核心内容，系统介绍了汽车行业精益智能生产执行系统（Manufacturing Executive System，MES）及其物流的实务规划技法与实践案例。对多车型柔性混线平准化生产、整车厂MES、丰田平准化物流的开展和应用予以详细说明。

本丛书作者之一在日产公司及丰田合资公司任职27年，对日产NPS和丰田TPS进行了长期研究与创新实践。在丰田合资公司整合导入大/中/小货车与大客车底盘多车型混线一个流生产及其物流系统，提出中小物一个流台套式（Set Parts Supply，SPS）供应方式和大物小批量排序同步供应方式。2003年负责在丰田海外整车厂第一个建立基于SPS零件供应的小型商用车与乘用车混线生产模式，成为丰田海外整车厂的SPS创新示范基地。此外，还曾负责杭州东风裕隆（原纳智捷）、杭州长安福特、杭州友高叉车等企业的生产物流与供应链整体规划，将精益生产与智能制造的整合理念应用于上述企业。

本丛书由汽车行业精益生产专家江支柱先生与浙江理工大学工业工程系董宝力博士合作编写。同时，浙江理工大学研究生陈正丰、刘彩霞、吕再生、陈广胜等同学做了大量资料收集、整理与初稿编写工作。在本丛书的编写过程中，得到了相关汽车公司的大力支持，采用了丰田等汽车企业导入精益生产与智能制造的应用案例，在此一并表示感谢！

本丛书主要围绕精益生产与智能制造的系统规划与实践应用，适合于汽车行业、机械制造装配业等离散制造业从事生产、物流与资讯等管理人员、大中专院校相关专业的师生。由于水平有限，在编写过程中难免存在不足之处，衷心期待各位读者、汽车同业批评指正，以便再版时予以修正。

作　者

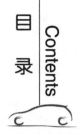

丛书序一
丛书序二
前　　言

**第 1 章
精益智能制造** // 1

1.1　制造业的机遇与挑战 // 2
　　1.1.1　技术与服务创新 // 2
　　1.1.2　智能化定制生产 // 3
　　1.1.3　运营管理模式创新 // 4
　　1.1.4　信息与制造深度融合 // 5

1.2　生产管理的先进理念 // 6
　　1.2.1　高品质的保证 // 6
　　1.2.2　供应链协同 // 9
　　1.2.3　柔性生产 // 10
　　1.2.4　并行工程 // 12
　　1.2.5　精益生产 // 13

1.3　生产自动化与信息化融合 // 16
　　1.3.1　生产自动化 // 16
　　1.3.2　生产信息化 // 19
　　1.3.3　智能制造 // 23

1.4　精益生产是智能制造的基础 // 30
　　1.4.1　精益生产与智能制造的融合 // 30
　　1.4.2　信息化与精益生产方式密不可分 // 39
　　1.4.3　对中国制造的启示 // 43

1.5 精益智能生产的核心系统——MES // 44
    1.5.1 MES 信息模型 // 44
    1.5.2 MES 功能模型 // 47
    1.5.3 MES 的内涵 // 50

第 2 章
汽车精益智能生产系统 // 53

2.1 汽车制造的信息化与自动化 // 54
    2.1.1 汽车生产模式的发展 // 54
    2.1.2 汽车生产自动化与信息化技术 // 56

2.2 汽车生产信息系统 // 61
    2.2.1 整车制造的整体生产流程分析 // 61
    2.2.2 汽车生产信息系统整体模型 // 66
    2.2.3 汽车整车厂的 ERP 系统模型 // 68
    2.2.4 汽车整车厂的 MES 模型 // 70

2.3 汽车 MES 架构 // 73
    2.3.1 车间级 MES 架构 // 73
    2.3.2 工厂级 MES 架构 // 76
    2.3.3 MES 流程分析 // 77
    2.3.4 MES 的功能 // 80

2.4 MES 在 TPS 中的应用 // 102
    2.4.1 丰田 ALC 系统 // 102
    2.4.2 丰田 ALC 系统的组成 // 105

2.5 MES 在国内整车厂的应用 // 107

第 3 章
汽车生产与物流计划 // 109

3.1 整车厂生产计划体系 // 110
    3.1.1 整车厂多层级计划体系 // 111
    3.1.2 汽车生产计划的编制逻辑 // 115

3.1.3　整车厂生产计划平准化 // 122
　　　3.1.4　生产计划系统 // 127
　3.2　ERP 计划模式 // 132
　3.3　MES 的车间作业计划 // 135
　　　3.3.1　车间计划管理 // 137
　　　3.3.2　冲压车间生产计划 // 138
　　　3.3.3　焊装车间生产计划 // 140
　　　3.3.4　涂装车间生产计划 // 143
　　　3.3.5　总装车间生产计划 // 144
　　　3.3.6　生产同步物流计划 // 146
　　　3.3.7　计划排产约束分析 // 149
　　　3.3.8　MES 车间计划下达方式 // 151

第 4 章
焊装车间 MES // 155

　4.1　焊装车间工艺流程与业务需求分析 // 156
　　　4.1.1　汽车焊装自动化生产线 // 156
　　　4.1.2　焊装车间自动化控制系统架构 // 161
　　　4.1.3　焊装车间 MES 需求分析 // 163
　4.2　焊装车间 MES 设计 // 164
　　　4.2.1　焊装车间 MES 架构 // 164
　　　4.2.2　焊装车间 MES 功能组成 // 166
　4.3　焊装车间精益物流模式 // 172
　　　4.3.1　焊装物流计划策略 // 172
　　　4.3.2　焊装物料配送计划系统流程 // 174

第 5 章
涂装车间 MES // 177

　5.1　涂装车间工艺流程与业务需求分析 // 178
　　　5.1.1　汽车涂装生产工艺流程分析 // 178
　　　5.1.2　涂装自动化生产系统 // 180

5.1.3　涂装车间 MES 需求 // 181

5.2　涂装车间 MES 设计 // 182

　　5.2.1　涂装车间 MES 整体功能 // 182

　　5.2.2　涂装数据采集与应用 // 185

　　5.2.3　车体自动识别系统（AVI）// 188

　　5.2.4　生产过程监控系统（PMC）// 201

第 6 章
总装车间 MES // 207

6.1　汽车总装工艺 // 208

　　6.1.1　汽车总装工艺流程 // 208

　　6.1.2　汽车总装柔性化生产 // 209

6.2　总装 ALC 生产控制系统 // 211

　　6.2.1　ALC 系统结构与功能 // 211

　　6.2.2　ALC 系统功能 // 212

　　6.2.3　ALC 数据采集流程 // 214

　　6.2.4　CCR 管控系统 // 218

　　6.2.5　空车身存储区（PBS）管控系统 // 219

　　6.2.6　总装落后车管控 // 224

6.3　总装物流同步指示系统 // 225

　　6.3.1　总装物流同步拉动原理 // 225

　　6.3.2　ALC 物流同步指示的位差设定 // 228

　　6.3.3　总装同步生产指示应用案例 // 236

　　6.3.4　周边大物供应商同步供应 // 240

6.4　Andon 系统 // 243

　　6.4.1　Andon 与精益生产 // 243

　　6.4.2　Andon 的主要功能类型 // 244

　　6.4.3　总装 Andon 系统 // 249

参考文献 // 253

第1章 精益智能制造

1.1 制造业的机遇与挑战

在经济全球化与国际产业分工的格局中，中国制造业的工业化与再工业化历程短，基础薄弱，长期处于整个产业链的中低端。面对产业、市场、资源、环境和成本等多重内外压力，依靠资源要素投入和规模扩张的传统粗放经济增长方式难以为继，产品创新、技术创新、管理创新和模式创新成为制造业可持续发展与转型升级的重要途径。

1.1.1 技术与服务创新

满足用户需求是企业经营的永恒话题。随着用户需求日趋个性化与品质化，全球化市场与差异化竞争，产品生命周期不断缩短，产品具有高度技术化与服务化、个性化与大众化并存发展的趋势。制造业正逐步从单纯提供产品向提供产品全生命周期价值链服务转变。这种转变主要体现为以产品为中心向以用户为中心转变，从数量扩张向品质提升转变，生产型制造向服务型制造转变。

产品主要通过技术驱动来实现产品价值与服务创新，即提高产品附加值及其全要素生产率。在新产品研发过程中，采用模块化、模型化和软件化的理念，将工业技术体系的隐性知识和经验进行固化，借助计算机仿真和知识工程等手段进行产品创新设计。

当前,中国正成为世界汽车制造工业的集聚中心,产品与服务创新正推动汽车市场和汽车工业的迅速发展。电动化、网络化、智能化、模块化和轻量化成为汽车产业的创新发展方向。新能源、车联网、智能辅助驾驶等技术以及汽车后市场的发展正逐步改变汽车产业生态,汽车正在由单纯的产品实体逐步转变为一种服务载体。

1.1.2 智能化定制生产

大批量流水线生产是工业化大生产的主要生产组织方式,在一定程度上解决了消费侧的需求不足和供给侧的生产效率问题。但随着制造业的自动化水平提高,生产产能扩张,以及用户需求的个性化,企业竞争的核心已经由产品增量转移到价值增量。价值增量不仅聚焦传统经济学与生产管理中的功能需求、生产效率、生产成本、交期等概念,更多体现为价值链的延伸。例如,通过定制化满足用户的个性化需求,实现产品价值的最大化。制造企业生产模式进化推移如图1-1所示。

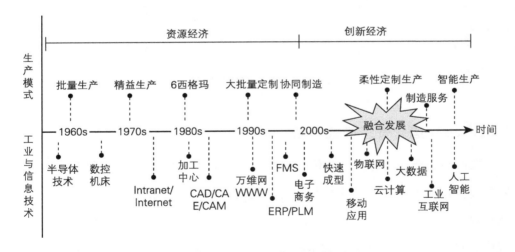

图1-1 制造企业生产模式进化推移图

在汽车工业的发展过程中,20世纪初福特的流水线生产促进了汽车产品的普及。平台化生产采用平衡共性和个性的开发与生产模式,从而兼顾生产能力与用户需求的差异。平台化生产实现快速生产具有相似底盘、车身结构以及电子系统的车型。平台化生产仅定义动力总成的布局，而车身形式具有较强的衍生性，车辆的轴距、前后悬架、宽度等尺寸都可以改变。平台化生产在提高满足用户个性化需求能力的同时，大幅降低了汽车生产成本。这种生产理念对汽车制造的产品模块化、技术标准化和生产柔性化程度提出更高要求。

直接面向用户已经成为全球汽车制造业新的聚焦点。模块化是低成本满足用户个性化需求的一种重要途径，降低了从设计、采购到生产的复杂程度，其原理如图1-2所示。模块化生产进一步聚焦于满足个性化需求的柔性生产模式。在汽车模块化生产过程中，总装模块化是根据汽车各子系统的产品结构，将相关零部件组装为底盘总成、车轮总成、车门总成等总成模块。这种模块化总成组装缩短了总装车间的工位线长度和主线装配工时，提高了装配效率，缩短了生产周期，同时还进一步提高汽车生产线的柔性。

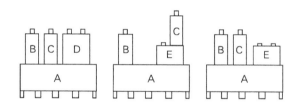

图1-2　产品模块化原理

1.1.3　运营管理模式创新

在产品制造与流通的全球化过程中，人工费用、资源价格、税费汇率等不断拉高生产成本，降低企业盈利能力。同时，由于产业和产品结构不合理，市场极易出现产能过剩与有效供给不足并存的情况。在工业化生产体系的运作过程中，产品、市场、质量、成本和效率是企业提高自身竞争力与可持续发展的着力点。对于任何一家制造企业，都需要一种规范、操作性强的生产运营管理模式，以此提升产品质量，降低生产成本，提高企业管理的有效性和效率。对于个性化定制生产，制造企业最大的挑战是如何平衡个性化与规模化，实现高效定制化生产和快速响应。这对制造企业的生产与供应链体系的柔性是一个巨大的考验。

以汽车行业为例，汽车生产具有工艺复杂、自动化程度高、连续作业的特点。汽车企业对成本管控、品质保证和供应链体系等方面的管理手段要求较高。如何加强生产过程管控，提高资源利用率，降低生产成本是汽车企业生产管理的重点。为了在激烈竞争中胜出，企业只有通过更科学的管理理念，对内部组织体系、外部供应链体系、生产与计划决策体系、生产运营管理体系等进行系统性创新，运用柔性生产、并行工程、精益生产和供应链等生产组织方式，实现全流程的质量、效率与成本领先。

1.1.4　信息与制造深度融合

先进制造技术、自动化技术、信息技术、网络技术等已经渗透到传统制造产业链的各个环节，并与传统制造业不断融合发展。尤其是互联网、移动互联网、物联网等新一代信息技术与制造业深度融合，推动着低成本感知、高速移动连接、分布式计算和大数据分析等技术在制造业的深入应用，促进制造业态与生产模式的不断变革，使个性化定制生产与制造服务成为可能。

例如，车联网技术的应用是汽车行业潜力巨大的创新市场。利用全球定位系统（Global Positioning System，GPS）、无线射频识别（Radio Frequency Identification，RFID）、传感器、移动图像处理等技术，汽车可以实现对自身状态信息与用户行为数据的自动采集，提供不停车收费系统（Electronic Toll Collection，ETC）、车辆跟踪等初级应用服务。如何利用这些海量数据进行分析和挖掘，提升产品服务和用户个性化服务成为一个重要需求。图1-3是汽车大数据的一种整体解决方案。其中，大数据在整车厂的角色定位是在智能生产领域。针对生产系统瓶颈、质量缺陷等问题的传统信息分析方法通常需要几个月甚至更长时间，而采用大数据分析预判技术后，通过建立相关统计分析数学模型，此项工作不到1周时间即可完成。这种时效上的大幅提升，使得生产流程与管理环节的结合更加紧密，促进了高效、低成本的生产。

图1-3 汽车大数据解决方案整体架构

1.2 生产管理的先进理念

在激烈的市场竞争中，企业需要在产品和服务上不断创新，实现与对手的差异化竞争。对中国制造而言，面对基础薄弱的现状，更需要加强管理创新。通过模块化生产、柔性生产、并行工程、精益生产与精益物流等生产管理方式，持续优化企业内部生产和物流供应的组织架构与管理流程，实现高品质与低成本的行业领先。

1.2.1 高品质的保证

质量是产品与企业的生命线，而高标准是质量的保证。2013年我国正式实施"汽车三包"政策，明确汽车因相关质量问题可以进行召回，这对我国汽车的质量标准提出了更高要求。汽车制造企业必须顺应形势，不断提高自身的产品质量标准，在ISO/TS16949、QS9000等标准体系基础上，建立符合自身要求，覆盖产品开发、生产制造和市场营销等全流程的质量保障体系。图1-4是丰田汽车的全面品质管理体系。

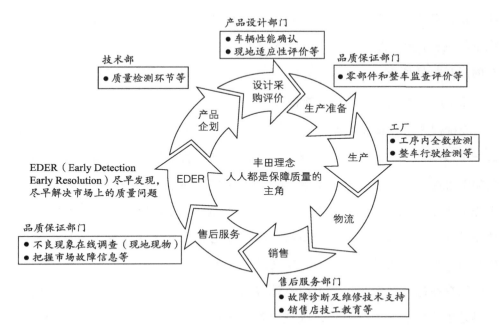

图1-4　品质源于每道工序

（1）产品研发阶段的质量保证

产品的质量保证是从产品研发阶段开始。在产品策划设计初期，研发部门需要采用国内外最新的汽车主、被动安全技术，保证产品的高质量与高安全性能。同时，品质保证部门与产品工程部门等核心部门同步开展工作，共同制订产品的质量目标，为后续生产制造明确质量保证的方向和标准。在产品的研发过程中，研发部门需要采用各种试验和测试手段，对产品零部件和整车进行严格的质量认可，验证其是否符合设计要求。

（2）零部件的质量保证

汽车是一个精密、复杂的技术产品，由上万个不可拆解的独立零部件组装而成。汽车供应链体系所涉及的零部件供应商可达数百家。汽车零部件的供应商质量体系是包括质量、服务、技术、价格的一整套严密管理体系。整车厂需要通过供应商质量体系建设、供应商质量监控和全过程供应链质量管理,提升供应商质量保证能力。整车厂必须按照国际标准和国家标准建立相应的质量管理体系,并以过程为导向,对供应商的原材料质量、内部生产过程等建立健全稳定的过程控制机制,确保其产品满足国家法律法规、行业技术标准和产品固有的质量特性要求。

(3)产品制造阶段的质量保证

为确保产品过程质量始终受控,在生产制造过程中进行标准化管理,确定每一工段的质量控制关键点,建立完整的产品检验机制。通过机器人、高自动化的柔性生产线(如焊装、涂装等生产线)等先进设备、快速定位与装夹工艺等先进工艺、先进计量检测系统(如涂胶质量3D视觉检测)、全数检验(如冲压件表面质量检查)和系统防错(如零件错装自动停线报警),确保整车在生产过程中达到设计所要求的各项质量技术指标。

只有在每一个生产环节100%地经过线上检测以及关键点的质量控制后,产品才能允许进入报交程序,报交合格后方能进入下一个生产环节。通过这一系列环环相扣的过程质量控制手段,保证每个生产环节的质量管控和有效衔接,为最终实现整车的零缺陷报交奠定基础。

(4)售后阶段的质量保证

在产品经过线上和线下检测,投放市场并交付用户后,企业仍需要对产品质量进行追踪。通过收集售后服务信息,进行用户调研,开展产品针对性改进,不断提高产品质量,满足用户真实需求。同时,企业需要建立完善的管理机制,确保用户投诉与质量问题得到快速妥善处理,提升产品质量和用户服务水平。

在图1-5企业竞争力模型中,企业竞争力的F、T、Q、C、S五个要素均与质量相关。与质量直接有关的要素包括两个:产品质量(Quality)要好,服务质量(Service)要优良;与质量间接相关的是产品价格或成本(Cost),质量越高,则成本也越高,质量越差,则成本也越低;产品功能(Function)是产品质量好坏的体现方式;交货期(Time to Market)是服务质量的体现方式。

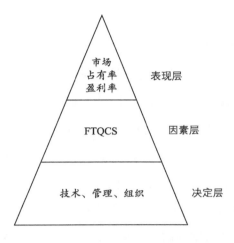

图1-5 企业竞争力模型

1.2.2 供应链协同

汽车行业一般采用以销定产的大批量定制生产模式。整车制造涉及零部件企业众多,且汽车生产计划的调整较为频繁。丰田、大众、福特等汽车企业已基本实现在全球范围内开展资源配置,在经营上普遍采取汽车联盟和本土化战略,零部件采购实行全球化、模块化、平准化物流拉动与准时制。

对于供应链管控能力较弱的汽车企业,由于生产与供应链相关单元之间缺乏同步响应机制,无法对计划调整做出及时反应。整个供应链的上下游企业往往采用高库存策略,通过加大零部件库存来保障供应。这种方式导致企业库存成本增加,竞争力下降。因此,汽车供应链要求整车厂和上下游供应商保持高度同步,实现低成本协同。

汽车供应链协同一般包括上游客户与服务协同以及下游供应商协同。

(1)上游客户与服务协同

这种协同需要实现整车厂与上游客户在需求预测、销售计划、客户订单、配件、发货等业务环节的协同。例如，对于发货协同，可根据前期订单与客户协同，自动生成发货数据、条码打印、整车物流方式等，并实现与后续物流跟踪、付款、问题处理等业务协同。

（2）下游供应商协同

这种协同的主要目标是与下游零部件供应商开展有效的业务协同，实现供应商与整车厂的生产资源要素集约化。业务协同的主要内容包括需求/预测/计划/订单自动发布，发货、跟踪、付款与绩效考核等。通过以整车厂为核心的各种协同应用，将企业各业务部门、零部件供应商、物流服务商的核心业务流程实现"网络+协同"。这种协同包括人、设备、车间、部门、系统间的协同。低成本的组织协同是企业达成低成本、短交期、敏捷制造战略的具体方式和方法。

2009年美国汽车销量排名前八均为丰田、本田等日系车企，同年通用、克莱斯勒等美国汽车公司相继宣告破产。根据相关统计数据，通用比丰田的同级别车型成本高出2000美元，但二者的零部件成本与人工成本差异不大。丰田低成本的秘密在于通过辅导各级供应商开展同步化生产和同步化物流，追求零库存的目标，提高供应链的库存周转次数（每年接近50次的库存周转）。通过这种低库存、小批量同步拉动模式，不断降低全产业链的库存成本。此外，丰田通过混流与均衡化生产，实现产品交期的缩短，进一步降低了生产库存。

1.2.3 柔性生产

柔性生产是提高市场响应速度、降低生产成本、提高产品质量的一种有效方法。柔性生产是实现大批量定制生产的关键。柔性生产包括产品柔性和生产柔性。产品柔性主要通过产品模块化设计技术实现，生产柔性又分为工艺柔性与设备柔性。生产柔性主要通过自动化设备、成组技术与先进的制造系统实现。

20世纪的汽车企业以大批量生产为主，主要采用自动化流水线生产来提高生产效率，减轻劳动强度。生产效率和生产成本是汽车企业管控的重点，所追求的管理目标较为单一。随着当前以用户为中心理念的深入，如何最大限度地适应快速多变的市场，满足用户的个性化需求成为汽车企业的关注重点。目前，多品种、变批量的柔性生产线替代大批量自动线成为汽车制造业的一种发展趋势。这种柔性生产线一般由工业机器人、自动化工艺与设备、柔性加工中心、自动检测系统和自动物流仓储系统等组成。采用混线柔性生产，可以有效缩短汽车制造的生产周期，降低生产成本，满足接单式生产的需求。

例如，高速柔性化焊装线成为当前焊装生产线的主流发展方向。丰田的全球车身生产系统作为全球第一条标准化的柔性化焊装生产线，用于多平台车型共线生产。其主线由总拼夹具系统和精定位台车等核心设备组成。需要增加新车型时，焊装生产线仅需对工位布局、工装形式等进行少量改造，就能够实现多车型共线生产。这种方式极大降低了分摊到单一车型的焊装工装、设备、人力等综合成本，实现投入与产出比的最大化，提高了丰田的全球竞争力。

又如，上海通用在SAP系统的基础上，开发与应用了柔性生产控制系统及其配套的全球物料优化系统，涉及全球供应链体系内的七千多种物料。汽车柔性生产线可以生产同类但不同型号的车型。生产线的设备根据柔性生产控制系统提供的具体指令，自动进行相应动作，选择对应的零部件和工具，实现了混线生产。SAP物料系统能够将整车订单精确到每一个零部件的采购与配送，实现零部件及时供应。

此外，汽车企业在运用柔性生产方式组织生产时，需要从已有的大批量生产方式转变为按多品种、小批量的柔性化模式来组织生产。相比前者，企业的生产业务流程和产品质量的影响因素更加复杂。

例如，面向订单生产的核心是柔性生产，保证与缩短交付周期。对于柔性化生产，需要相应提高操作和生产的灵活性，保证生产过程数据的可采集、准确与及时，以便进行实时的过程监控。这些都需要完善配套的生产管理体系与作业流程，建立辅助的各类生产信息化系统。为了生产及时，要求提高设备维护的可预见性，减少可预见的停线时间，以及通过设备保全管理来提高生产设备的稼动率。为了增强零件的可追溯性，减少产品质量风险，必须加强过程管理，杜绝生产过程缺陷，提高一次下线合格率（First Pass Yield，FPY）。

1.2.4　并行工程

为了快速响应市场需求与变化，降低产品库存成本，制造企业一般采用接单式生产。这种生产方式往往需要进行重新设计，而且产品批量小、交货期短、非标程度高。传统的串行设计属于设计→制造→修改设计→重新制造的一种翻墙式设计模式。由于在设计过程中无法同步考虑产品的可制造性、可维护性等因素，设计与制造问题隐形化，结构干涉、装配不匹配、功能缺陷等问题往往在设计后期、制造装配，甚至在用户使用阶段才被发现，直接导致产品变更设计任务增大，产品开发周期延长，研发成本居高不下，产品品质无法保障。

并行工程主要是为了提高用户需求响应的及时性，改变传统的串行工程思想，对产品及其相关过程（包括制造和支持过程）进行集成并行设计的系统化模式。并行工程强调过程协同、系统集成和组织一体化。

（1）过程协同

通过过程并发、过程改进等机制进行设计与生产过程重构。在产品设计、加工、组装和使用阶段考虑上下游其他阶段可能遇到的问题与风险，最大限度地做到一次性最优设计。

（2）系统集成

并行工程由于对象复杂、实时通信、数据信息杂乱，如果没有有效的信息支持和管理系统，过程质量、成本与时间将难以控制。因此需要将并行工程所需的数字化设计平台、过程仿真分析系统、网络化协同工作支撑系统等异构系统实现有效集成和数据共享。

（3）组织一体化

通过改变传统的功能部门制或专业组，多功能集成产品开发团队以项目流与产品流的需求为主线进行人员配置，重构扁平化组织，打破由功能部门制所造成的信息流动不畅障碍。

对汽车制造业而言，并行工程主要运用于产品策划、设计、样品试制、小批试制等四个阶段。例如，在汽车车身的设计阶段，并行工程由车身造型设计工程师、车身产品工程师、车身制造工程师、产品试验工程师、感知质量工程师、客户、经销商、采购人员、供货商、知识法规人员以及其他相关项目人员组成。工艺人员从产品概念设计阶段开始参与工作，而不是像以往等到产品设计完成后再开展工艺工作。在产品的初期方案设计或详细设计阶段，结合现实制造资源、投资、工厂、车间生产能力、设备布局等情况，及时对产品的冲压、焊装、涂装进行可行性评价，并确定制造工艺。在此过程中，可以通过网络化的计算机协同工作系统，提高信息流动与共享的效率，实现设计过程（可靠性设计、有限元分析、动力学分析和尺寸链分析等）和制造过程（冲压、焊接和涂装等）的信息与数据交互过程。

1.2.5 精益生产

西方的工业化生产通过不断实践与完善，建立了科学管理的理论体系。20世纪初福特汽车装配流水线的出现，标志着作坊式的单件生产模式演变为以高效自动化专用设备和流水线生产为特征的大批量生产方式。大批量生产方式缩短了生产周期，提高了生产效率，降低了生产成本，保证了产品质量。然而，大批量生产方式的最大缺陷在于产品单一，定制化程度低，忽视了用户的差异化需求。

精益生产是20世纪70年代初日本丰田公司在对准时化（Just in Time，JIT）生产方式研究和实践基础上，总结出的一种新的生产模式与思维模式，也被称为丰田生产方式。精益生产将制造业的产品质量水平、生产和物流管理水平提高到一个新的高度，是继泰勒制科学管理和福特流水线生产方式之后又一种重要的生产方式。精益生产的核心思想是在企业生产经营全过程中，产品及时生产，消除设备故障，避免并消除生产中的各种浪费，追求零缺陷、高效率、零库存、高效益，以降低成本、提高产品竞争力为目标。

（1）JIT生产

JIT生产是指在必要的时候，生产必要数量的必要合格产品。JIT的基本原理是以需求决定供给,即上一工程向下一工程提供所需要的型号、种类、样式、颜色等属性的物品。这种方式的好处在于各个环节按需供给,实现物料库存最低;物料供给及时、准确,节约人工、等待、仓储、品质管理的成本;防止不良品流出,每个供给环节都会将好的物品供给到下一个工程。

(2) 均衡化生产/平准化生产

均衡化就是平准化。例如,对于汽车混流装配生产,均衡化就是按最优化的车辆投产顺序组织生产,实现生产过程中各资源要素的均衡。均衡化不仅要达到汽车产量上的均衡,还要确保车辆颜色、型号、人工、生产负荷的均衡。此外,均衡化生产的范围是多层次的。基于拉式生产,通过整车组装线的生产平准化,生产流程逐次向前平准化。由于订单是平准化的发布,供应商也是平准化的生产与物流拉动。

均衡化生产的特点如下:

①零部件的消耗保持稳定。生产线的零部件需求量是一定的,因此从前一个工序提取零件的数量也是一定的,各工序以及完工计划量也不会有太大差别。

②各工序的生产负荷较为均衡、稳定,易于人员与设备的效率化。

③成品以及工程间的在制品库存降低。

④在生产过程中,仅存在小批量的生产和物流搬运,物流时间缩短,提高了生产线对小幅波动的适应能力。

(3) 持续改善

20世纪70年代丰田建立了如图1-6所示的以消除浪费为核心的持续生产改善体系。持续改善的思想基础是生产系统一直存在改进和提高的空间,需要不断进行优化与完善。精益生产是企业整体长期贯彻、全员参加、不断改进的一种管理提升过程。丰田生产方式一直被当作一种动态的自我改善体系存在,表现为能不断克服自我流程上的问题并找到合适的解决办法。持续的创新与改善是推行丰田精益生产的基础,只有确实做到这一点,才会看到丰田生产方式的推行效果,才能不断进步。

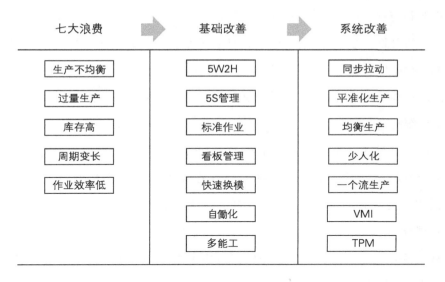

图 1-6 以消除浪费为核心的生产改善

精益生产综合了大批量生产方式和单件生产方式的各自优点，追求企业和用户都满意的质量，从减少浪费、价值分析的角度出发，致力于在生产系统的生产流程、组织结构、运行方式、市场供应和需求等方面，尽最大可能消除与优化价值链中一切不增值活动，实现企业在多品种、小批量柔性生产条件下的高质量和低成本，并实现产品质量、生产效率与资源消耗的最优。

精益生产将并行工程、准时化生产和柔性生产的优点集于一体。在质量管理上贯彻六西格玛（6σ）的质量管理原则，从产品设计时就考虑到质量问题，确保每一个产品只能严格按照标准程序进行生产；在库存管理方面，体现节约成本原则，在满足用户需求和保持生产线流动的同时，做到成品库存和在制品库存最低；在组织建设方面，精益生产赋予员工极大的权利，真正体现员工当家做主的精神，企业生产组织结构趋于扁平化。

精益生产的方法体系一般是从产品数量分析法（即 PQ 分析）、价值流分析开始，采用约束理论进行现状分析与瓶颈分析。在此基础上，首先从流程优化、连续流的设备产线布局、快速换模、全员生产保全（Total Productive Maintenance，TPM）、生产自働化等方面，实现生产线的柔性配置。其次是从物出发，采用单件流、准时制与看板同步拉动，改善生产物流，降低生产库存，实现物流柔性配置。最后以人为对象，通过制订标准作业，开展工作研究，实施少人化作业，实现生产人员的柔性配置。精益生产发展至今已不仅是一种先进的生产方式，还是一种先进的管理思想与管理原则。工艺系统、物流系统、信息系统与精益生产的融合将会进一步给传统制造业带来巨大、革命性的变化。

对汽车制造企业来说，精益生产可分为三个层次：

第一层精益是指精益制造。精益制造是满足生产车间高效生产的要求，具体包括均衡化生产、准时制生产、同步化生产、质量管理、连续流、看板管理、自働化等。

第二层精益是指纵向精益。高效的企业运作能力是企业精益的必要要求。企业内部的流程直接影响企业的运作，企业内部的职能部门必须通过纵向精益来保证企业的整体利益。纵向精益是对企业研发、计划、采购、生产制造、销售、物流、财务、售后等各个部门的业务流程精益化，实现企业纵向业务流程的高效协同。

第三层精益是指横向精益，即精益供应链。企业的资源包括客户、供应商、合作伙伴等内外部资源。精益供应链可以协调企业的所有资源，加速企业上下游的信息沟通，避免信息传递失真，降低时间成本。供应链的高效协同是精益生产的有效方法，可以提高企业的产品质量和柔性化生产能力。

1.3 生产自动化与信息化融合

1.3.1 生产自动化

工厂自动化，也称车间自动化，是指自动完成产品制造的全部或部分加工过程的技术。工厂自动化就是以生产中各种参数为控制目的，实现各种过程控制，在整个生产中尽量减少人力操作，而能充分利用人力以外的能源与各种信息来进行生产工作。工厂自动化技术促进了工业进步，成为提高产品质量和生产效率的重要手段之一。

20世纪40年代，分散式测量仪表和控制装置取代了传统的手工操作，实现设备参数自动调节。后续逐步实现了检测仪表化、局部自动化和车间集中控制，检测与控制仪表集中在中央控制室。单元组合仪表的出现进一步提高了工厂自动化程度。微型计算机的应用与自动化仪表的智能化，实现了对整个工厂，乃至整个工艺流程的集中控制。通过计算机系统进行多参数综合控制，生产过程自动化水平得到进一步提高。进入21世纪，随着计算机技术、无线技术、现场总线技术、工业以太网技术、IT技术、机器人技术、传感器技术等的不断发展与创新，工厂自动化在经历单机自动化、车间自动化、全厂集中控制等阶段后，向工厂综合自动化发展，即把过程控制、监督控制、产品设计、质量监测、生产管理等方面融为一体。

1. 过程控制

工业中的过程控制是指以温度、压力、流量、液位和成分等工艺参数作为被控变量的自动控制，过程控制也被称为实时控制。过程控制通过及时采集检测数据，按最佳值迅速地对控制对象进行自动控制和自动调节。过程控制的对象一般包括工厂级、车间级和产线设备级三种层级，各个层级有机联系在一起。过程控制的主要作用是确保产品质量、提高生产效率、发挥设备能力、防止事故发生、降低资源消耗、减轻劳动强度等。过程控制系统的结构如图1-7所示。

图1-7 过程控制系统的组成

过程控制不仅能够有效和可靠地完成各种控制任务，覆盖过程控制系统（Process Control System，PCS）和可编程逻辑控制器（Programmable Logic Controller，PLC）的所有功能，还能实现任意地点的控制，即用户能够把控制功能下装到现场设备或系统中执行。任意地点的控制是工厂网络结构与现场总线（Fieldbus）技术相结合的产物。对于一些基本的控制回路，把控制功能下装到现场变送器或阀门中执行，既能加快回路信号响应，改善调节品质，又能减轻控制系统负担，使其完成较复杂的优化控制等任务。同时，系统分散度的增加提高了系统可靠性。

2. 现场总线技术

现场总线是一种工业数据总线技术，主要用于数字化仪器仪表、控制器、执行机构等工厂底层设备之间以及与上层控制系统之间的数字通信与信息传递。现场总线作为工厂数字通信网络的基础，实现了生产过程现场与控制设备之间，以及其与更高控制管理层次之间的联系。现场总线根据传输对象与数据类型一般分为传感器总线、设备总线和现场总线。现场总线的主要特点如下：

（1）增强现场数据采集能力

现场总线可以从现场设备实时获取大量数据信息，满足工厂自动化生产与生产执行系统的信息集成要求。现场总线是数字化的通信网络，可实现设备状态、故障和参数信息传送。系统不但可以完成远程控制，还可完成远程参数化工作。

（2）开放可集成性

系统为开放式，不同厂家产品只要采用同一种总线标准，就具有互操纵性、互换性，因此设备具有很好的可集成性。

（3）系统可靠性与可维护性好

对于大批量过程监控系统，采用总线连接方式替换一对一的I/O连线，可以减少由接线点造成的不可靠因素。同时，系统具有底层设备的在线故障诊断、报警和记录功能，可完成现场设备的远程参数设定、参数修改等工作，并增强了系统的可靠性。

3. 仪器仪表与检测

在过程控制系统中,仪器仪表作为其构成元素,其技术进展跟随控制系统技术而发展。仪器仪表的智能化主要归结于微处理器和人工智能技术的发展与应用。例如运用神经网络、遗传算法、进化计算、混沌控制等智能技术,使仪器仪表实现高速、高效、多功能、高机动灵活等性能。

智能仪器仪表一般包括智能压力、温度、流量等多参数变送器、智能分析仪,以及具有预测性维护和诊断能力的阀门等。工业控制系统是计算机技术与自动控制技术结合的产物,不仅是计算机的重要门类,还是实现工业生产自动化,优质、高产、低耗,提高工业企业经济效益的重要技术手段。

此外,随着现代质量控制方式的演变,在线检测与监测呈现智能化的趋势。例如,对于曲轴生产线,在主轴颈和连杆轴颈精加工时,将坐标测量机串接于生产线中,使之成为其中一个工位。在生产过程中,对工件的圆度、轮廓等主要几何参数进行自动测量。检测结果实时反馈给数控磨床,数控磨床通过自动控制程序实现高速、高效随动与跟踪修正,仅需要通过一次装夹完成全部的磨削加工。

1.3.2 生产信息化

生产信息化实质上是将企业的计划调度、加工组装、品质保证、物料供应、部门协同等业务过程数字化。通过各种数据采集、信息系统、网络系统形成生产过程数据,提供给与生产相关的各个部门,便于企业生产资源要素配置的优化决策,帮助企业应对动态的内部波动以及外部市场的不确定性。

企业可持续发展的关键在于创新与技术。信息技术与信息系统对制造企业的发展战略、组织建设、流程变革、辅助和支持企业生产管理具有不可低估的作用。信息技术有助于提高企业组织变革和业务流程的整合能力,实现市场快速响应与柔性生产。

信息化是以先进的生产管理思想为基础,以信息技术和信息系统为工具手段,对生产运作流程进行优化、标准化与固化的过程。它将传统的人工、封闭、基于经验的垂直管理体系转化为信息驱动、动态闭环、系统协同控制的管理体系,实现企业业务流程的系统集成。信息化系统包括基础网络、系统平台、数据库平台、应用软件、终端设备等。

1. 体系架构

企业信息化的体系结构自上而下可以分为三层:企业应用层、业务模型层和基础架构层,如图1-8所示。这种层次化体系架构的核心目标包括:一是围绕企业价值链和运营核心业务进行模块化的体系功能设计,满足不同企业的设计、制造与销售活动,提高企业的资源利用能力、应变能力和竞争力。二是通过对企业业务流程进行分析,特别是对企业关键流程的分析,整合企业内部与外部的各种相关信息,实现业务流程与信息流程的合理化耦合。三是为企业高效运营提供一个支撑环境,实现高效的数据传输与业务交互。图1-8中三个层次功能不是相互孤立的,而是有着内在的联系,需要对这些不同作用的分层进行综合分析,才能把握企业信息化建设的方向。

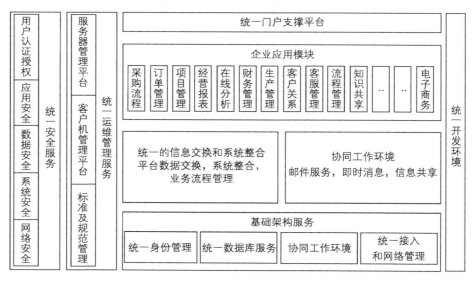

图1-8 企业信息化的体系架构

2. 企业资源计划（Enterprise Resource Planning，ERP）

物料需求计划（Material Requirement Planning，MRP）经过不断发展完善后，形成了 ERP 系统。ERP 系统是建立在信息技术基础上，利用现代企业的先进管理思想，将企业的整个生产过程和所有资源有机结合在一起，为企业提供决策、计划、控制与经营业绩评估的全方位和系统化管理平台。ERP 系统目前在企业管理中得到广泛应用。ERP 系统的主要功能特点如下：

①ERP 系统是一个以计划为导向的生产与管理系统，可以满足 MRP 与 JIT 的混合管理模式。对于离散型制造、流程型制造等多种生产模式，ERP 系统通过对采购、生产、成本、库存、销售、运输、财务、人力资源进行合理计划与优化，达到最佳资源组合，降低库存，提高效率。

②ERP 系统对企业的内部业务流程和管理过程进行优化与规范，使原本分散的生产流程能够有效衔接。通过工作流实现企业人员、财务、制造与分销的集成，支持企业过程重组。

③ERP 系统具有较完善的财务管理和成本分析体系，价值管理概念得以实施，实现资金流、物流与信息流有机结合。

④ERP 系统是一个在企业内部应用的高度集成化系统，保证系统运行数据的一致性，数据在各业务系统之间高度共享。

3. 生产自动化与信息化融合

（1）工厂自动化系统

工厂自动化系统通常分为五种管理层级：企业管理级、生产管理级、过程控制级、设备控制级和检测驱动级。前两种管理层级主要涉及计算机技术、软件技术、网络技术和信息技术；过程控制级主要涉及智能控制技术和工程方法；设备控制级和检测驱动级主要涉及的机电一体化技术、现场总线技术和交流数字变频调速技术。工厂自动化系统的管理层次及其技术体系如图 1-9 所示。

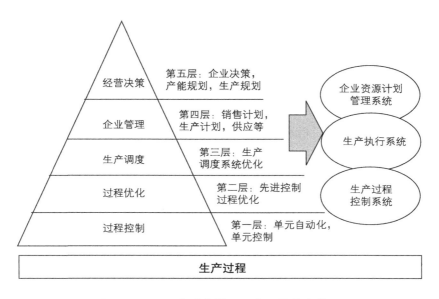

图 1-9 工厂自动化管理层次及其技术体系

也可将上述五级分层归纳为企业管理决策系统层（ERP）、生产执行系统层（MES）和过程控制系统层（PCS）三层结构，采用计算机支撑系统（企业网络、数据库）进行系统集成。其中，ERP 和 MES 必须建立在设备自动化和过程自动化基础之上。

（2）工厂自动化与信息化是有机融合、不可分割的整体

采用现代信息技术，可以降低消耗，提高生产率，提升企业产品质量。将先进的制造工艺技术、现代管理技术与先进的信息技术相结合，实现以提高总体经济效益为目标的传统工业技术改造。把现代信息技术融入到传统制造产业中，能够促进传统制造产业向智能化、数字化、网络化、虚拟化、敏捷化的方向发展。此外，企业自动化离不开企业信息化。信息化需要与自动化融合，在实现自动化的过程中，充分发挥信息化的作用，实现两者协调发展。

总之，在企业系统规划与实施过程中，必须明确工厂自动化系统的基础地位，加大对工厂自动化基础建设投入，运用计算机集成制造系统（Computer Integrated Manufactuirng System，CIMS）的思想，以信息集成和协同运行为目标，做好统一规划和设计，实现生产自动化系统与企业管理信息系统的快速、协调发展。围绕产品设计研发、流程控制、企业管理、市场营销等环节，提升自动化、智能化和管理现代化水平，促进传统制造业的结构调整和改造升级。

但同时需要注意的是，生产的自动化与信息化融合不能简单等同于传统的CIMS。传统的CIMS更多聚焦于MRP的生产管理系统，并不能直接提高生产运行效率。因此，生产的自动化与信息化的融合不能简单理解为借助信息化技术手段实现制造自动化，只有与生产管理方式相辅相成，才能够发挥最大效能。

1.3.3 智能制造

1. 什么是智能制造

互联网、物联网、云计算、大数据等信息技术和信息经济迅速发展，对传统制造业形成巨大冲击，但同时也成为制造业突破性发展的历史机遇。新技术与传统制造技术不断融合发展，持续推动制造业的技术集成与模式变革。

在20世纪末人口老龄化与人工成本高的背景下，德国企业开始学习日本企业消除浪费、提高效率的精益生产管理体系和方法。工业4.0是德国工业坚持25年学习和实践精益生产基础上，将制造业与信息化、自动化结合后提出的一种创新生产理念。工业4.0强调基于互联网和物联网的智能化、自动化、个性化敏捷生产模式。通过产业链联动与协同，满足用户的个性化要求。

如图1-10所示，工业4.0是以智能制造为主导的一种生产模式。充分结合信息物理系统（Cyber Physical System，CPS）与信息通信技术，通过分散式增强型控制和去中心的智能化，实现制造业从自动化向智能化的转变。其本质就是构建基于信息物理系统的智能工厂，以此实施智能生产，实现人、设备以及产品的实时连通。

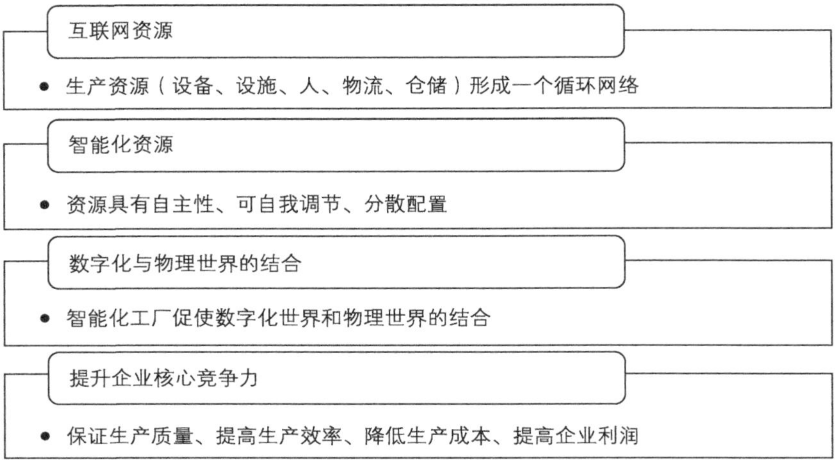

- 互联网资源
  - 生产资源（设备、设施、人、物流、仓储）形成一个循环网络
- 智能化资源
  - 资源具有自主性、可自我调节、分散配置
- 数字化与物理世界的结合
  - 智能化工厂促使数字化世界和物理世界的结合
- 提升企业核心竞争力
  - 保证生产质量、提高生产效率、降低生产成本、提高企业利润

图 1-10　工业 4.0 的概念

工业 4.0 的核心内容可概括总结为：建设一个 CPS 网络，研究智能工厂与智能生产两大主题，实现纵向集成、横向集成与端到端集成三大集成，推进生产由集中向分散转变、产品由趋同向个性转变、用户由部分参与向全程参与转变三大转变。

工业 4.0 具备以下特征：

(1) 低成本的个性化定制

在研发设计和生产制造的过程中，充分考虑用户的个性化需求，在智能供应链、智能物流系统、智能工厂和智能制造的支持下实现小批量、多批次的定制化生产，通过效率最大化和资源消耗最小化创造利润。

(2) 高灵活性的作业流程和制造工艺

基于 CPS 的自组织网络可根据业务流程进行动态配置，实现灵活的作业流程和高柔性的制造工艺，同时打造适应性较强的动态物流与供应链体系，灵活应对定制生产和市场动态变化。

(3) 生产效率和资源利用率的系统优化

虚实融合系统贯穿于价值链的各个环节，对制造与物流过程进行系统优化。在生产不停顿的情况下，系统能够对生产过程的资源消耗进行持续优化。

（4）工业4.0代表有数据的管理

工业4.0关注的数据主要包括产品主数据、生产运营数据、价值链数据、对企业经营有价值的外部数据等。这些数据通过数据集成、清洗、转换、抽取、数据仓库关联、数学建模分析、多维度展现等一系列过程，为企业的市场战略、产品研发设计、生产制造与售后服务等提供相应的业务运作与管理决策支持。

2. 智能制造的特点

智能制造是融合物联网、智能机器人、虚拟现实系统以及大数据等技术，整合自动控制、信号感测、资料处理与综合决策的一种智能自动化生产系统。

例如，在移动客户端，用户如果计划购买一台汽车，可以自主定制喜欢的外观颜色，通过手机直接下单到业务部门，经过设计转化、计划系统、物料采购、生产系统、物流等环节送达用户。

在车辆生产环节的场景中，生产车间流水线上的作业人员被智能生产线和智能协作机器人所取代，这些智能设备能够根据大数据操作显示屏指令精准地完成切割、冲压、涂装、组装、质量检测等作业。在零部件的加工过程中，通过设备监控系统、图像识别系统、视觉检测装置等自动保证零部件加工的质量，最终由机器人自动将零部件装在对应的车型上。生产自动化的提高，使得品质大大提升。更重要的是，物流也实现了智能化，零部件的物流计划与路线由系统预先设定，系统根据生产实际进度自动发出供应指令，由机器人将零部件运送到指定工位。

智能制造的主要特点可以概括如下：

（1）提升制造过程的柔性与智能程度

传统工厂的生产时间多为辅助时间，真正的机械加工时间占比较低。而智能工厂使用智能生产中心系统，作业准备工作通过生产管理系统提前运算设定，并可以同时和其他工作并行开展。通过智能化的生产运作管理，减少生产辅助时间，提高生产效率和设备开动率。

此外，智能工厂的一个特征是可重新配置生产系统。智能工厂的设备均以柔性制造系统（Flexible Manufacture System，FMS）、机械手、机器人、自动导引运输车（Automated Guided Vehicle，AGV）等制造单元的形式出现。由于FMS适用于多品种、小批量加工，可以灵活应对生产计划的调整。FMS可以根据产品、市场的具体要求，对生产系统的各种资源要素进行动态调整、优化配置和系统扩展。

（2）智能制造强调以人为本，人机协同、服务于人

智能工厂并不完全谋求无人化工厂，或者人的作用降低。相反，人会被提高到更为重要的位置。机器人代替人工是基于成本、效率、质量三者之间的平衡兼顾原则。机器人具有持续、稳定、高效的特点，可以代替人工作业，确保产品质量的稳定、一致性以及单位产能的提升。而对需要高度主观能动性及适应性的生产工艺与作业，机器人目前尚无法完全替代人工作业。

因此，智能制造生产的定位是人机结合，服务于人。实现智能生产后，虽然对工人生产效率要求标准有所降低，但机器人需要由工人操作管理，机器人精准执行指令。工人同时还要负责周边设备的调试和维护，这样对产品的品质，对技术的研究、加工工艺的把握会更进一步，工人的思维要和智能制造的发展匹配。

智能制造利用互联网，将机器人、设备和人连在一起组成一个系统，再利用传感器技术，读取其中的数据，通过计算机分析并反馈到终端。此外，在工厂生产的每一款产品，都是由机器来模拟用户的实际操作环境和模式，以此检测产品是否合格。因此，在工业4.0阶段，人主要负责设计产品并确定生产规则和运行参数，机器、虚拟电子物理体系则基于这些指令，触发、比对路径并选择、优化生产。

（3）智能制造强调物流为先

智能生产物流为智能工厂的物料供应与周转提供服务。在生产过程中，配

料准确，执行规范，上下联动紧密准确；在仓储上，物料识别简单方便，任务交接快捷简单，物料存放清晰透明；在配送上，物料配送准时，配送路径畅通，载货清晰。同时还能实现缓存区、库位、生产线等多方位物料信息的透明化，大幅度减少在制品和库存数量；实现生产物流系统中的人、机、物等信息的自动绑定和记录，以使生产、物流的整个过程可跟踪、可追溯。

（4）智能制造重视生产过程管控

智能制造仍然是以产品质量为基础。智能化生产的主要内容之一是把品质保证体系重点转移到确保制造过程运行的稳定、可靠和强化产品的制造质量，以及对柔性化、混线生产方式的适应等方面。生产过程管控是构建智能生产系统的重要环节和关键技术。

生产过程管控通过生产工序间流转过程的跟踪及生产相关业务的协调控制，及时识别和处理各类生产异常，确保生产过程按照计划执行。正确的生产过程监控可以减少停线时间，提高设备运行安全性，降低生产成本。生产过程监控的内容主要包括过程监视和过程控制两个方面。生产过程监控以生产全过程的数据采集为基础，实时显示生产过程的各种现场数据，监视和控制生产过程，对生产业务流程进行实时调度指挥和过程质量在线控制。

（5）强调全价值链的同步与集成

作为集成项目的工业4.0，是指横向集成增值链，纵向集成所有生产流程和系统，并且集成到自动化层面。生产系统的逐步细化意味工厂规模缩小的同时，生产系统的柔性提高。在工业化大生产中，单元模组式生产通过系统间的集成和标准化的自动通信，生产的灵活性更高，更容易对局部生产进行调整优化。

3. 智能制造的物理模型——智能工厂

对制造企业而言，工业4.0的核心在于智能化，无论是信息技术与制造业的深度融合，还是数字化产品与服务模式的创新，其物理模型主要由智能工厂、智能生产和智能物流组成。

智能工厂是工业4.0最主要的应用实体与实施载体。就智能工厂而言，结构化系统（流程、组织等）、生产资源（设备、人、物料等）和产品是三个重要的智能元素。智能化趋势同时影响和推动工厂的这三个方面，使之紧密结合、高效集成。

智能工厂的网络架构如图 1-11 所示。在智能工厂中，结构化系统和生产资源通过检测装置与工业网络相互连接，进行设备数据收集、数据分析、生产预测和资源配置。例如，通过信息技术对研发过程进行管理；对生产和制造工艺流程进行分析、验证和优化；对产品的功能、性能、智能进行模拟以及全生命周期的服务支持；协调生产控制系统、生产管理软件和业务决策系统中的业务流程。此外，这些内部集成系统可以与基于互联网协议的其他系统相互作用，将智能化的范围由单个企业扩大到整个价值链。

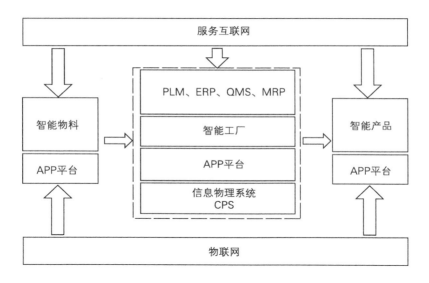

图 1-11　智能工厂的架构——基于物联网和服务互联网

智能工厂由数字化智能制造车间组成。数字化智能制造车间是由智能工艺装备系统、智能车间物流系统和智能车间生产信息系统三大系统组成。数字化智能制造车间通过自动化检测、传输与控制设备，将生产线上各工序主要生产设备连接成数字化全自动生产线，生产过程中的设备、产品等能够智能感知自我所需、所缺和下一步去向，实现物料、机器、生产、物流、仓储等相互间的智能匹配、协调与控制。简单来讲，就是在 MES 的控制调度下，自动实现生产线计划调度、任务下达与生产工艺设定；控制生产线物料输送执行机构，进行生产线物料的自动分配、跨线调运等，将物料自动输送到各生产设备；通过网络通信系统，控制生产线主要加工设备，自动调用控制程序，对来料进行加工，生产线的全自动连线生产，实现无人化或少人化生产。智能工厂的生产运作场景如图 1-12 所示。

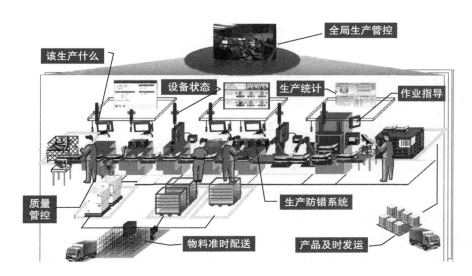

图 1-12 智能工厂的生产运作场景

案例 日本电装的领先工厂

领先工厂是日本电装公司 2015 年提出的一个概念。电装公司是日本汽车产业最大的系统零部件制造商，同时也是全球最大的汽车系统零部件制造商之一。

领先工厂是基于产品批量减少而成本不变的思想提出的，融合了精益生产和大批量定制生产方式。其具体做法是先对生产流程和制造设备进行改造，将原有生产工艺上的装备缩小，并集中到最终的组装车间安放。在改造的过程中，实现设备自动化和生产流程标准化。同时，在设备与设备之间、生产车间与生产车间之间实现信息互联，最后实现工厂与工厂信息互联。领先工厂的架构如图 1-13 所示。

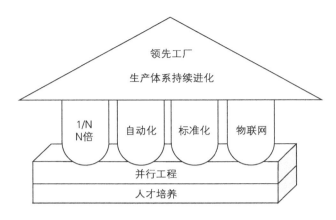

图 1-13 领先工厂架构

领先工厂的架构设计主要是从生产工艺流程角度，采用 ECRS 原则，即取消（Eliminate）、合并（Combine）、调整顺序（Rearrange）、简化（Simplify），将生产工艺流程中的不同工序、作业、动作等进行整合，并进行必要的工位调整，重新对工厂车间布局、物流路线与工位布置进行精益规划，实现连续流生产。

在领先工厂的实际导入过程中，日本电装公司对生产设备同步进行了小型化、自动化、信息化改造。在设备实现灵巧化的基础上，对生产工艺流程与工序进行优化重组。组装车间实现生产工位与设备的集中布置。按照工艺顺序形成连续流生产，在制品库存大幅降低，节约生产与物流仓储面积。在上下料和换模过程中，采用机器人替代人工，实现整个生产过程自动化。

从日本电装公司的领先工厂案例可以看出，电装公司的生产模式创新是独具特色的。不断运用业务流程重组和 ECRS 原则，持续对企业流程进行优化、重组与集成。更为重要的是，将生产管理创新与生产自动化、信息化举措并行发展，实现生产流程、制造工艺、设备工装的迭代创新，提升企业生产水平。

1.4 精益生产是智能制造的基础

1.4.1 精益生产与智能制造的融合

自 20 世纪以来，制造技术的重要发明与主要管理思想发展相辅相成。伴随流水自动线、数控技术、高速加工制造、柔性自动化技术等先进制造技术在汽车业的广泛应用,工业工程、丰田生产方式、敏捷制造、同步生产等先进生产管理方式应运而生。

智能制造是从制造技术的角度,运用现代化的信息技术、新材料技术、柔性制造技术、物流技术、自动化技术与先进管理技术等,对产品结构和制造流程进行重构,把产品生产全部或者部分转化为批量生产,以大批量生产的成本和速度,为单个客户或小批量、多品种市场定制任意数量的产品。

智能制造与精益生产二者的融合如图1-14所示,二者关系阐述如下:

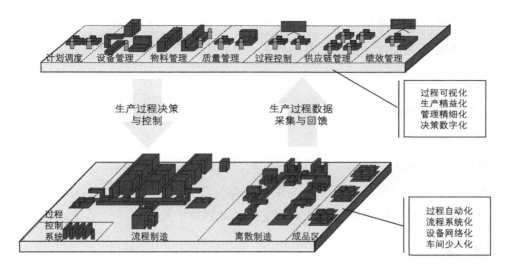

图1-14 智能制造与精益生产的融合

（1）目标一致

精益生产的本质是消除生产过程中非增值的活动,而智能制造是使增值活动柔性化、智能化。精益生产与智能制造的目标一致,均强调多品种、小批量的柔性生产。因此,精益生产和智能制造的关系首先是相互融合与渗透,智能制造以技术应用为主,而精益生产以管理手段为主。

（2）智能制造是精益生产的应用系统实现

精益生产是精益管理在生产过程的具体应用,包括JIT、约束理论、安灯

（Andon）、看板（Kanban）等工具。在传统生产过程中，精益生产理论及其工具基本都是各自独立的系统，但是在智能制造环境中，精益生产的管理逻辑作为智能制造的系统逻辑基础，用于智能制造的计划、质量、物料、物流等环节的流程、功能与指标设计。

（3）精益理念是智能生产的基石

在对制造流程进行重构时，智能制造需要以精益生产管理思想为目标，从质量、成本、交期的角度，对产品设计与制造流程进行合理化。将精益优化后的生产组织模式、业务流程和生产物流布局运作方式相结合，实现人机结合的自动化应用。精益被德国列入构成未来智能工厂的四大模块之一，这四大模块分别是精益、高技术、模块化及领导力。

1. 一个流生产

个性化定制生产需要实现变种变量的混流生产。对精益生产而言，混流生产的目标模式是一个流生产、单元式（模组化）生产、批次管理与单品管理同时兼容。一个流生产使生产线的每个产品从进线到出线的加工周期明显缩短，减少搬运次数，提高生产效率，节省生产占地面积和大量的工位器具，同时，一个流生产能够及时发现问题，减少批量质量事故的发生。

2. 全过程协同

在全球化制造的大背景下，为了快速响应市场需求，制造企业更加关注核心竞争力，制造合作成为企业快速发展的一种有效途径。随着制造合作的广度与深度发展，企业供应链的组织结构与业务流程愈加复杂。企业间、部门间的流程运作效率高低直接决定了协作效果和生产效率。此外，随着制造业信息化程度的提高，存在大量的异构信息系统，协作组织间的信息与流程不畅进一步加剧。

管理基础的优化是精益生产的第一步。其内容包括组织流程合理，设备物流匹配，流转切换顺畅。精益生产强调对组织流程的持续优化。运用业务流程重组对企业流程进行优化、重组与集成。信息是精益生产持续改善的有效工具。

通过对内部流程的优化与信息化，实现管理体系智能化、数字化和可视化。通过高度协同的生产物流组织架构及流程，实现计划生产物流组织的高度协同。同时，新的物流体系、品种切换体系可适应市场需求的频繁变化。例如，通过 MES 将生产线管理、物流管理、设备管理、质量管理与现场作业团队进行系统集成，实现工厂车间级的智能化协同；通过 ERP 系统实现部门间的系统协同和账务流转。这样，工厂的生产节奏和管理业务流程能够协同高效，产品从投入到产出的时间才会明显缩短，面向市场的敏捷反应体系才能构建，企业也才能拥有快速响应、低成本与高品质的竞争优势。

3. 拉动式生产

对大批量定制生产而言，生产线较多采用传统的流水线批量生产模式。由于品种和批次多，生产过程中的工装切换较为频繁，传统大批量生产存在生产效率较低、生产进度不易保证、在制品库存高、物料供应复杂等问题。

精益生产主要采用均衡化、同步化和一个流的生产模式，实现节拍化、低库存的拉动式生产。在一个流的混流拉动生产过程中，基本上只有一个产品在各工序之间流动，整个生产过程随着单件产品的生产进行而保持流动，并使每个工序、每项操作与生产线的单件产品生产工时相匹配，物料实行同步排序供应。丰田在具体实现方式时，生产的计划与调度实质上并不采用集中计划形式，而是依靠一种低成本的看板方式来传递生产过程的各种信息。生产线采用管理看板及时监控生产线节奏，追踪工单/指令执行的实时状况，如投入状况、产出状况、在制品数量、不良数量、报废记录等信息。各生产单元通过看板完成计划决策与组织调度。因此，精益生产的信息传递与利用模式本质上与智能制造是相同的。

4. 可视化管理

目视化的看板管理是精益生产的重要内容。看板是被广泛应用于工序、车间、工厂之间传递生产相关信息的一种可视化工具。通过可视化看板，及时发现生产过程中的各种问题，减少生产的盲目性和生产秩序的混乱，以便立即采取措施解决问题、改善质量和提高生产效率。因此，可视化管理的需求在制造业普遍存在。智能生产系统作为软件系统，可视化电子看板是其重要的系统输出方式之一。

如图 1-15 所示，车间可视化电子看板系统是精益生产管理体系中的一个重要组成部分。在车间实际生产过程中，过程信息目视化、信息传递快捷化、生产过程透明化是提高生产组织效率的一种手段。通过数字化管理，使生产、品质、物料、异常等状况完全处于可视状态，为相关人员提供及时化信息，提高生产管控能力，帮助企业实现 JIT 生产。

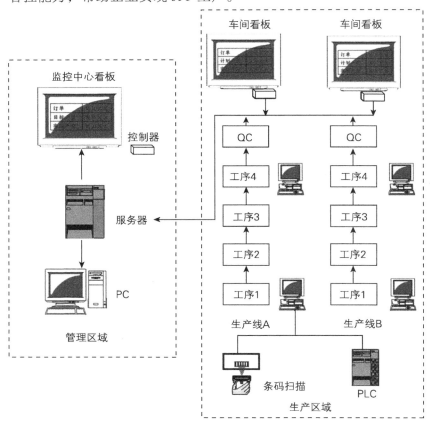

图 1-15　车间电子看板的可视化应用

电子看板系统的主要功能包括：

①生产管理信息共享机制和平台。通过生产计划信息共享，使信息快速传递至企业相关生产部门，实现生产资源和生产过程的数字化管理与控制。例如，生产车间的前后工程同步拉动生产、物流部门的准时化物料配送等，从而避免在生产现场出现在制品过多、缺料等现象。

②计划与资源调度平台。将生产任务、人员和设备进行分配与系统下达，生产现场及时接收任务指令，实现信息化派工。

③全程数据采集与分析平台。实现生产进度、设备状态、物料消耗、产品质量等信息的实时采集与反馈。通过实时显示各种数据，建立详细的生产记录，为进一步优化生产提供基础数据。

5. 运营分析与优化决策

智能制造定义中的智能包括决策智能和执行智能。智能决策和智能执行是实现智能制造不可或缺的两个重要方面。智能工厂的支撑体系如图 1-16 所示，具体内容包括：

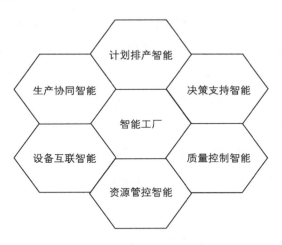

图 1-16　智能工厂支撑体系

（1）智能计划排产

从计划源头集成 ERP，进行高级计划与排产（Advanced Planning and

Scheduling，APS）。

（2）智能生产资源协同

通过资源互联互通，实现数字化的生产设备、物料、工站的分布式网络化通信与资源集中协同管理。

（3）智能质量过程管控

精益生产的一大优势就是质量管理。对于质量管理，智能制造系统对影响产品质量的生产工艺参数进行实时采集，提供统计过程控制（Statistical Process Control，SPC）、质量追踪、质量追溯、趋势分析等生产全过程多维度的产品改进和质量保证服务。例如，将对不合格数据统计的质量报告与员工绩效相关联；对生产数据进行试验设计分析（Design of Experiments，DOE），优化生产工艺参数，实现数据增值。通过多维度数据关联，实现数据的复杂追溯与趋势分析。

（4）智能决策支持

智能生产的关键是整个生产过程的分析与决策优化。智能决策支持是基于大数据分析的决策支持，形成管理的闭环，实现数字化、网络化、智能化的高效生产模式。这种分析决策一般是从5M1E出发，即收集生产过程中的设备（Machine）、工艺（Method）、材料（Material）、人员（Man）、检验（Measure）、环境（Environment）等大量数据，采用质量管理手法、SPC、效率分析等精益生产工具进行产品生产过程数据的处理与分析，在对制造系统的计划和进度开展系统化安排、追踪、监视、控制的基础上，实现物料流动、质量管理、设备控制和系统集成的一体化管理，最终达成制造精益化目标。

6．人机协作

生产自动化系统具有车间设备状态跟踪、质量监测等功能。在设备出现异常后，控制系统会自动停止设备运行。但是，设备的应急维修与日常保养还是需要设备维修人员根据经验进行现场作业。同时，在正常生产过程中自动发现不合格品时，质检、工艺、制造等各部门需要根据不合格信息，及时进行分析判断，发现问题原因并进行决策。因此，智能生产仅有自动化是不够的，人仍然是生产的第一核心要素。

精益生产强调人在企业组织与生产制造中的核心地位。例如全面质量控制（Total Quality Control，TQC）、TPM、自働化均强调人的参与，重视人的能动性对生产管理水平的提升。精益生产并不要求彻底的生产自动化，而是希望通过更加务实的自働化与标准化，间接达到生产自动化的结果。自働化可以看作一种人机结合的简易自动化系统。自働化是精益生产中保证质量、降低成本的一种重要手段。它要求每个操作员工都能自主控制生产线的停止和重新起动，起到对生产线的监视与管理作用。这与智能生产强调人机协作的思想相吻合。

机器人、加工中心、检测计量技术及其实际应用目前发展迅速，但是受到生产工艺和成本制约，相当多的产业尚未大量导入全自动化生产方式。对于变种变量的大批量定制生产而言，自动化是一把双刃剑。一方面，通过自动化可以减少设备调整、人员操作等导致的效率与质量问题，降低生产成本；另一方面，由于自动化设备并非无限制的柔性，设备柔性与设备成本一般成正比。高昂的设备投入需要考虑设备维护、产品更新带来的一系列新问题。因此，柔性生产是否适合采用全自动化生产方式，需要综合考虑生产效率与投入产出的成本分析。

对大多数制造企业而言，简单、重复、繁重、单调的作业环节较容易实现自动化。需要复杂判断和非常频繁切换品种的环节对智能化要求过高，投入产出并不一定合理。在企业导入自动化生产的过程中，智能人机结合的方案更加灵活，兼顾高效率和低成本。

案例 宝马非接触式手势检测系统

宝马兰茨胡特工厂在汽车保险杠生产中采用了如图1-17所示的非接触式手势识别系统。这种系统可以作为一种智能人机交互的范例。

图 1-17 非接触式手势识别系统在宝马质检的应用

非接触式手势识别系统由安装在产品检验区上方的 2 台 3D 摄像机、红外传感器、后台服务器组成。后台数据处理服务器负责获取与存储保险杠 3D 实体模型,并在后台分析系统中建立检验区域 3D 空间扫描坐标系。

工件在检验区进行人工质检时,检验人员通过手势开展检验工作。例如,检验人员通过手势指示缺陷所在的具体部位时,图像识别系统可以精确记录下该手势及其指示位置,并在后台系统自动分析手势含义,自动标识缺陷具体位置以及偏差数据。当零件合格时,检验人员只需滑动手指,就可以指示系统该零件通过检验。在这套质量检验创新系统的支持下,不但能够加速检测过程,检验精度和零件偏差的定位精度也大幅提升。同时,因无需配备护目镜、麦克风等装备,提升了检验人员工作的舒适度与工作效率。

因此,工业 4.0 并非一味追求自动化,排斥人参与生产的全过程;与之相反,未来的智能制造应着眼于更高层次的人机交互领域,在制造过程中实现人机间的紧密高效协作。

7. 作业标准化

标准作业是车间实现精益生产的前提条件。智能生产对标准作业的作用主要体现在标准作业与流程优化两个方面。

(1)标准作业

首先,精益生产需要逐步建立起基于标准的数据技术基础设施,从而帮助企业在生产技术层面实现内外部的连接、集成和协作。其次,生产数据分析模块可以提供完成产品各道工序加工的标准工时以及不合格品统计功能。标准工时的制订与作业人员每天工作量有着重要关系。标准工时的数据来源是由原始数据以及数据采集模块提供，通过公式计算得出各工序加工的标准工时。此外，操作人员还可以通过现场信息系统查看标准作业指导书。

（2）流程优化

智能生产是在持续精益改善的基础上，将优化后的管理流程、生产物流布局和运作方式辅以必要的生产自动化与信息化系统，让智能工厂高效、低成本且更加灵活。

1.4.2　信息化与精益生产方式密不可分

相比与大批量生产方式，以JIT为特征的精益生产更关注于混线生产方式。由于人们理解的不全面以及当时的技术背景，对于日本丰田提出的TPS，通常被简单地认为比较强调消除浪费、人的主观能动性、组织机制建设和低成本现场改善等方面。但实际上，从福特流水线、丰田TPS到精益生产，实质上都十分注重生产的流动性。在从原材料到产品交付这一过程中，福特采用一种自动流水线取代传统的分段式生产，提高生产流动性。而丰田在其流水线生产基础上，采用连续流、JIT拉动等理念，进一步提高了生产的流动性，实现降本增效的目标。受当时的技术所限和低成本理念，丰田采用传统看板作为提高生产流动性的主要手段之一。看板作为一种信息指示，用于实现对生产流程的拉动。

随着市场需求的进一步多样化、定制化和短交期，制造企业需要采用柔性生产方式予以应对。柔性生产方式的生产流动性要求更高。这种生产流动性体现为计划、生产、库存、物流和供应链的系统性整体流动，而脱离信息技术的传统精益生产手法已很难应对这一变化。在实现精益生产方式的生产组织上，企业信息化系统和电子数据交换技术至关重要。信息化系统可以满足生产柔性和组织多样化的应用需求，通过数据有效采集和信息有序流动，实现生产计划、组织与流程的高效运作与动态调整。

首先，没有信息化系统的支持，传统拉动生产看板的定义、投放、管理、维护难以有效保证。生产管理者难以确定最佳的看板数量并保证看板的及时性，人工运作看板信息容易造成内部看板流转时信息经常丢失。因此在实际应用看板时，必须根据需求数据制订详细的生产计划，而计划的决策制订过程必须依靠信息化系统的存储、计算和传输能力。

其次，由于没有与业务系统相连，生产现场与供应链缺乏必要的可视化管理，生产沟通成本增加，沟通的及时性无法保证。生产过程一旦发生变动，由于生产与供应链的流程衔接不畅，进而影响整体生产体系的正常运作。这个问题在汽车行业中更加突出。

汽车制造是一种复杂的生产制造过程，它既属于大批量生产模式，同时又属于个性化定制生产模式。用户需求不断变化，市场需求波动加大，产品定制化和混合程度高，工艺技术变化频繁，这些挑战需要先进的生产和供应链系统作为辅助工具，同时对整车厂及其供应链提出更高的管理要求。

①具备快速响应能力，以适应市场需求与生产过程的动态波动。

②具有支持整个供应链的看板系统，通过自动通信功能实现供应链需求响应。

③能够与各种分散系统以及客户和供应商系统集成。如果没有完善的信息化系统的支持，这样庞大的工程和海量的数据计算是无法实现的。

1. 数据采集与流动

（1）基础数据的采集和分析

在混流生产情况下，生产管理决策更为复杂，需要采集大量的生产数据用于决策分析。如零部件库存量、在制品量、成品量、出库量、生产线机状等。在丰田连续流生产与准时化物流体系中，上述数据的采集一般采用电子看板来进行读取与转换。在电子看板中包括物料的料号、库位代码、包装标准收容数（Standard Number of Package，SNP）、盛具数量、盛具类型、供应商代码、物流路线代码等信息。电子看板的具体显示信息会根据使用地点、方式、使用目的的不同而有所不同。通过读取看板信息，系统可以对上述数据进行自动抽取与分析，进行系统辅助决策，确定物料合理库存、生产数量与时间、物料领取或配送数量与路线，甚至进行缺货或溢出预测等。

（2）生产指示的按需传送

混流生产线的产品规格多样，每种产品的生产工艺和参数都存在差异可能。在产品单件流动过程中，要求生产指令能够以恰当的形式及时、正确传送给对应生产区域、工序、工位的作业人员或设备。

汽车混流生产时，不同车型是根据一定生产顺序来组织生产的。各工序的信息数据流是实现汽车混流生产的前提。每台车辆的相关车型信息在汽车生产线上具有唯一的流水号。当车辆以流水线方式运行到某一工序固定管理点时，系统自动从车辆管理卡或其他信息载体读取流水号，通过电子数据交换（Electronic Data Interchange，EDI）方式，自动从后台数据库系统提取和发送关联设备或系统终端需要的生产指示信息。指示操作人员、机器人、机器人、自动输送线均按照生产指示信息执行相应的动作，同时将该流水号所对应的生产过程数据集中回传至后台数据库。

例如，当车辆经喷涂车间进入总装工序时，系统自动读取固定在车身的电子条码，将车型信息回传至后台生产管理系统，系统自动下达总装工序设备控制参数或品质管理确认参数，这在一定程度上简化了生产工序，规范了总装作业人员的作业标准，从而形成自动化的汽车精益生产体系。同时，车身条码信息还会自动触发该车型所对应零部件的准时制分拣与物流配送，体现了精益生产中的 JIT 特色。

2. 生产计划管理

在 TPS 体系中，生产管理（以下简称生管）是除直接生产单位以外最重要的职能部门。生管的主要管理对象包括采购进度、生产进度和交货进度。这在很大程度上区别于一般意义上生管的生产计划制订和监督。从工作内容上讲，

TPS的生管是企业生产与物流的控制和监督者,需要和企业内部所有职能部门、供应商以及客户进行最直接的接触和工作的协调,这就要求生管必须在第一时间掌握生产与物流的准确数据,以应对和协调各方面的需求。

(1) 生产计划与调度

对精益生产体系而言,着眼于多品种、小批量的定制生产,但实际生产过程存在很多不确定性影响因素,如缺料、设备故障、质量异常、人员请假、订单变更等。为了实现及时、动态的生产排程和调整,使生产具有一定的柔性,对整个生产线上的产品生产状态信息的跟踪、计划与决策显得尤为重要。对制造业而言,可采用条码、RFID、自动采集、人工采集等方式对生产过程各个工序进行工艺、品质和物料追踪。

(2) 生产预测与决策

通过对生产计划和生产实绩数据的集中分析,可以准确把握工序间的生产周期。在此基础上,可以预测一定周期内的产品生产时间,用于准时化物流系统的调度。以看板拉动为例,可以确定一定时间后的每一台生产车辆通过各工序的具体时间,从而计算出对应时点所需要的零部件订货看板数量,实现JIT供应。

3. 基于数据的用户服务与生产改善

由于信息系统可以监控生产的全过程,可以随时按订单跟踪产品的生产过程,让用户明确知道订单的生产与物流状态。同时,系统自动保存产品生产的历史数据,当产品出现品质缺陷时,可以快速查明缺陷对象产品的范围,便于召回和汽车售后服务。信息系统还可以自动更新生产相关信息并进行预测,为准时交付提供了有利保证,最大限度上赢得用户信任。

通过对一定时间内特定产品生产过程的集中分析,结合生产现场人员、设备等因素,针对产品缺陷或产品某一阶段生产周期为调查对象,通过大量集中数据反映可以调查出生产过程存在的主要问题,获取生产改善的准确资料,从而制订相应的改善手段措施,优化生产过程中的各种问题。

1.4.3 对中国制造的启示

我国自20世纪80年代初便引入精益生产理论，90年代开始开展了双甩（甩图纸和甩账本）工程、CIMS、两化（工业化与信息化）融合等信息化战略工程。在不断的应用实践过程中，精益生产方式与信息化系统的融合是传统制造企业提升核心竞争力的重要手段。遵从大批量定制的理念，基于汽车制造业长期实践的精益生产拉动生产模式，智能生产的未来发展模式将是一种针对更小批量、更多品种的混线生产模式。这种精益智能生产模式是以CPS技术以及系统集成等信息技术为基础，将准时制生产模式向供应链前端推广，直接延伸至用户，如图1-18所示。

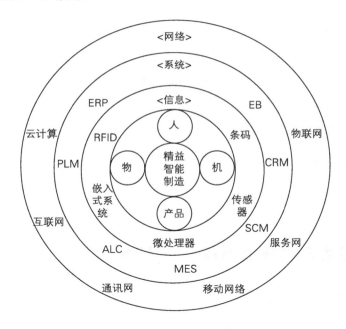

图1-18 以精益为核心的智能制造

智能生产实现计划、生产和控制的智能化管理。智能计划实现接到订单后的生产科学排程，也包括应对设备故障、人员缺岗等临时性问题的现场动态调度。智能生产实现人机结合有效的生产执行过程。智能控制通过控制物料、设备、人员、流程指令和设施在内的所有制造资源,实现资源的有序供应与使用。在智能计划、智能生产和智能控制的基础上,搭建企业实时化的计划管理、制造执行与生产控制三层体系结构,在实现个性化的大批量定制生产的同时,缩短生产周期、减少在制品数量、缩短生产提前期,提高产品质量,降低人力资源消耗。

我国制造业的整体管理水平相对落后,相当一部分企业的生产过程管理、绩效考核、流程约束相对比较松散,工厂与设备布局相对落后,物流体系、品种切换体系缺失,信息化与自动化应用层次整体尚处于初级阶段。制造企业对智能生产的认知存在一定误区:将智能化等同于信息化、自动化;将智能生产简单地认为是软硬件系统建设;对信息化与自动化期望值过高,而忽视人、组织与流程等软性因素对生产的促进作用;系统建设的连续性与系统性不足,缺乏科学合理的规划;过于乐观,期望一步到位。

因此,考虑到我国制造业的实际现状,我国制造企业在开展智能生产时,需要首先构建精益体系这一基础环节。通过对精益生产理念的倡导与实践,从生产工艺的改进出发,有步骤和目的性地提高生产自动化水平,循序渐进地开展自动化和信息化融合,最终实现制造业的全面升级。

1.5 精益智能生产的核心系统——MES

1.5.1 MES 信息模型

智能制造涉及信息技术、自动化技术和生产管理技术。对智能工厂而言,智能制造的核心体系包括 ERP、MES 和 PCS。

在基于 ERP/MES/PCS 的三层系统体系结构中,PCS 是控制系统的执行层,实现设备和生产线的自动控制。ERP 是业务管理系统的计划层,负责完成从销售订单到生产订单的转化。而从生产订单投入到产品完成的整个生产过程中生产订单信息在各级系统中流动，经各级系统的不同处理，直到产品完成的整个订单在制造执行阶段的管理任务由 MES 实现。上层 ERP 业务计划指令通过 MES 传达到生产现场底层的生产设备控制系统。同时，生产现场的信息又通过 MES 及时收集、上传和处理，并将数据处理结果返回 ERP。MES 是 ERP 的数据基础和保证。因此，MES 介于 ERP 与底层控制和自动化系统之间，是位于计划层和控制层中间位置的功能执行层，连接生产现场和企业经营，起着承上启下的作用。

美国先进制造研究机构（Advanced Manufacturing Research，AMR）将 MES 定义为位于上层的计划管理系统与底层的工业控制之间的面向车间层的管理信息系统。MES 作为联系 ERP 与 PCS 的纽带，为企业管理层与车间执行层提供一个双向的生产信息流，MES 的信息模型如图 1-19 所示。

MES 以订单数据管理为核心，实现如下业务流程：

①生产线现场数据采集。

②现场生产流程操作与监控。

③车间物料与物流操控。

④车间管理报表统计。

⑤车间质量（缺陷）管理。

⑥外围系统/设备的实时数据交互。

ERP、MES 与 PCS 的业务流与信息流模式如图 1-20 所示。ERP（计划层）将实时的库存数据、订单信息与物料需求等信息传送至 MES。MES 进行生产排程和生产组织，以此满足订单需求。MES 作为中间层，负责将订单、配方等进行数据处理，转化为相应的作业程序或作业指示，用于驱动生产设备的控制系统或作为生产现场人员的作业指示。当作业程序、相关流程、文件及其他相关生产需求准备就绪，底层的控制系统便运用所有工厂内相关资源（软、硬件及人员）进行生产制造过程，达成产品生产目标。

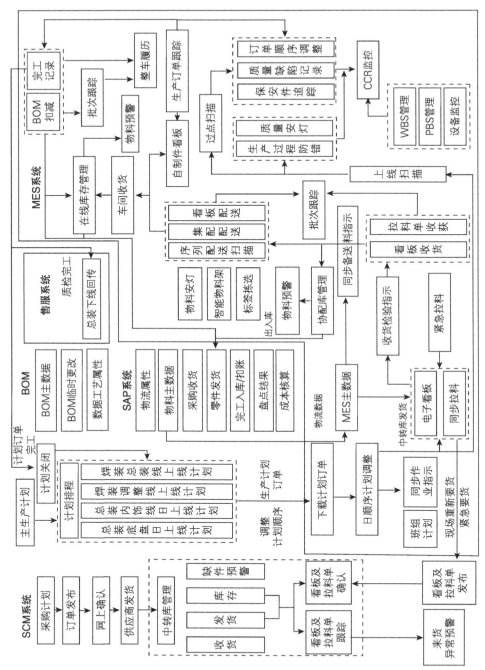

图1-19 MES的信息模型

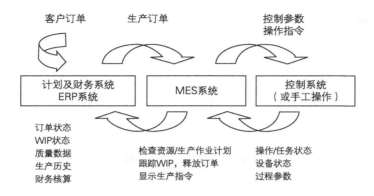

图1-20　MES为企业管理层与车间执行层提供双向的生产信息流

1.5.2　MES功能模型

在AMR三层结构的基础上，MES划分为车间管理、工艺管理、质量管理和过程管理等11项功能的框架模型。该模型强调MES是一个与其他系统高度集成的生产系统功能平台，在功能上可以根据不同行业和企业的具体需要与其他系统集成。其集成功能模型如图1-21所示。

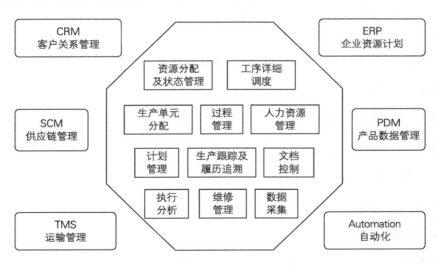

图1-21　MES应用功能模型

MES 的主要功能包括：

(1) 资源分配及状态管理

主要用于管理设备、工具、人员、物料、能耗以及其他生产资源，满足生产计划和调度的要求，提供资源使用情况的历史记录和实时状态信息，保证生产正常进行。

(2) 工序详细调度

基于资源有限能力原则，根据生产工序的优先级、属性、特征等，采用交错、重叠和并行等方式确定设备开停、物料供应以及其他辅助作业时间，实现最优的生产作业顺序，最大限度减少生产过程中的准备与等待时间，提高生产效率。

(3) 生产单元分配

以订单、工单、批量和作业等形式管理生产单元间的工艺流与业务流。可提供车间生产计划的优化，如基于缓冲机制的在制品数量管理等。同时，在发生生产异常时，能够提供相应的生产调度信息，并驱动相关资源进行响应。

(4) 生产过程管理

通过系统监控生产全过程，采集并及时反馈生产异常，提供相应的决策支持。通过实时跟踪生产作业流程，及时发现生产过程中的各种异常，并进行相应的异常报警与处理作业；通过数据采集接口，实现底层生产控制设备与 MES 之间的数据交换。

(5) 人力资源管理

针对不同生产岗位，实时采集作业岗位的人员作业状态，进行工时统计与分析，可提供人员出勤率、效率、工作负荷、工时成本等分析报表，实现对人力资源的间接跟踪能力。

(6) 设备管理

采集生产设备的各种状态数据与维修保全信息，为设备生产、日程管理和维修行为提供指示和监控，进行设备性能、产能统计和分析，提供设备稼动率、产能等分析报表,提高设备利用效率。

(7) 计划管理

以物料计划、工单计划、设备计划、人员计划等为对象,实时监控生产过程中各项资源要素的具体活动,为生产计划管理提供辅助决策。

(8) 文档管理

主要用于控制、管理并传递与生产过程有关的工单指令、生产配方、工程图纸、标准工艺规程、自动控制程序、生产过程记录、品质检验记录、工程更改通知以及工序转换操作时的通信记录,并提供重要数据编辑、存储与完整性维护等功能。

(9) 生产追踪与追溯

根据生产批次与原料批次等信息,提供生产过程相关数据的实时查询和正反向追溯。通过批次信息追踪原物料流转过程、关键生产工艺参数、质量检验数据、周边生产条件、警报状态等内容。

(10) 生产绩效分析

以日、小时、分钟等为时间基准,针对质量符合性、资源可用性、资源使用效率、计划达成情况等内容,对生产过程的相关数据进行处理,提供生产消耗与产出的各种量化评价指标及其趋势分析。

(11) 数据采集

数据采集是把生产过程数据、品质信息、物料数据、设备状态、装配线数据等,通过传感器转换为信号,然后进行编码转换与数据接口传输到上位机系统,进行存储与数据处理,为生产管理提供信息和数据。MES 的数据采集方式主要包括人工、条码扫描和 RFID 自动识别等方式。

需要说明的是,企业的实际生产过程中会产生大量、复杂的数据信息,MES 处于企业信息系统的计划层和车间控制层之间,需要进行上下层各种信息数据的交互与实时采集。通过对这些数据进行分析处理,并将处理后的结果以适合形式提供给企业各个层级,满足具体业务需求。随着设备互联、集中管理、远程监控等数据处理需求愈加明显。数据管理的规范化、安全化及大数据分析已经成为 MES 的必要条件。

1.5.3　MES 的内涵

MES 不是工厂的单一信息系统，而是横向集成、纵向集成、端到端集成的一个复杂集成系统，同时也是构成企业经营系统闭环回路中的一部分。MES 针对从订单到产品完成的全部生产活动，实时采集现场数据，经过分析与处理，实现对生产活动的计划、组织、指示、控制、调度、执行、报告和决策。通过对生产异常情况的快速反应，减少无附加值行为，提高工厂运行和生产效率。

根据上述定义，MES 的内涵可概括如下：

①MES 可以控制物料、设备、人员、检验、工艺流程指令和环境在内的所有工厂资源，实现闭环反馈的生产管理。MES 关注从生产计划下达到成品产出的生产过程优化信息。对上层 ERP 系统的计划决策而言，MES 属于执行层；而对下层生产自动化系统则属于计划决策层，MES 处于中间层。

②MES 对各底层控制系统、仓储系统、动力能源系统等进行在线、实时数据采集，并对采集的数据进行分析处理，在此基础上，进行快速响应、在线生产调度、预测预警等。及时将生产现场的各类事件向上级管理部门汇报，为企业经营决策提供支持。

③MES 能够按照精益生产的思想，提供高效的生产管理功能，以此快速响应用户需求和生产条件的动态变化，减少生产过程中无价值活动，提高生产效率；提高工厂运行和事件处理的效率；提高设备利用率，降低库存和生产成本。

④MES 是一个分布式系统，横跨企业的部门、车间、班组和工位，对生产全过程相关的人、物料、设备和在制品实现企业横向集成。

⑤MES 通过对计划执行和对资源的控制与监视、质量流和工艺系统的跟踪，实现企业纵向集成。

因此，MES 作为一种新的生产模式，把制造系统的计划与进度安排、追踪、监视与控制、物料流动、质量管理、设备控制等进行一体化考虑，从而实现数字化与智能化工厂。

⑥用户需求的变化导致产品、订单、工艺、技术日趋变化，仅仅依靠人工和经验进行生产调整的效率低、响应慢、缺乏竞争力。MES 的信息及时性要求以分钟，甚至秒级速度进行反应。采用 MES 解决管理与生产控制之间的断层是必然的。

图 1-22 所示反映了 MES 与其他系统之间数据流的对比情况。通常，如果设置系统现场的自动设备时间延时是 1，MES 的延时等待时间是 10，而其他系统最快也要到 100，这是 MES 最大的优点和功能。

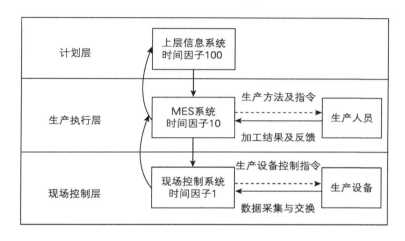

图 1-22　MES 时效粒度

MES 主要负责生产管理和调度执行。MES 关注整个工厂的生产过程，主要是通过生产调度、生产统计、成本控制、物料平衡和能源管理过程组织生产，并将信息加以采集、传递和加工处理，及时呈报企业管理信息系统，从而实现企业管理信息系统与过程控制系统之间数据的无缝连接与共享，实现产品与质量设计、统一计划与物流调度在生产全过程中的一体化。

此外，MES 作为车间作业现场管理、监测与控制的一体化平台，是精益生产思想在信息化时代制造业现场的落地与实践。MES 不仅要解决企业的实际问题，更要体现企业先进的管理理念，绝非简单的一个软件系统。对制造行业而言，精益生产是生产管理的灵魂，MES 应该体现精益生产思想，是帮助企业进一步实现精益生产的有效途径与软件载体。

第 2 章　汽车精益智能生产系统

2.1 汽车制造的信息化与自动化

2.1.1 汽车生产模式的发展

汽车行业市场需求变化影响了汽车生产方式的发展。工业工程、自动化流水生产线、数控技术、精益生产、敏捷制造、高速加工制造以及柔性自动化技术等主要工业技术革命，都起源并广泛应用于汽车业。当前，汽车消费日趋个性化、多样化和品质化，如何快速响应市场变化与客户需求，加快车型更新换代节奏，缩短订单到货时间（Order to Delivery，OTD），实现面向订单生产的敏捷生产运作模式成为汽车制造企业的关注重点。

（1）面向订单的生产

汽车制造业具有典型的离散性特点，其生产运作的流程如图 2-1 所示。汽车企业生产以订单为导向，具有多品种、少量、多批次的特点。OTD 改变了库存加计划推动的传统生产模式，建立订单式生成（Build to Order，BTO）新模式。OTD 天数包括订单处理天数、生产准备天数、生产天数、库存天数和在途天数。OTD 对汽车供应链体系的生产制造与物流保证能力提出较高要求，要求从客户销售订单到车辆下线交付的整个价值链过程中，企业采用核心精益思想的生产拉动逻辑予以满足。

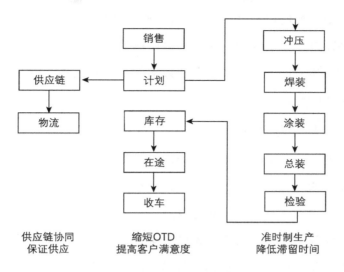

图 2-1 汽车生产的运作流程

（2）柔性生产

随着产品的系列化与生产产量的提升，汽车零部件品种和数量也急速增加，汽车生产管理的繁重性、复杂性和组织难度大幅提高，给生产排程、生产线平衡、物料供货模式、零件包装、运输和管理控制模式带来严峻考验。汽车企业需要通过提高汽车生产的柔性和标准化程度，满足产品与产能需求，降低生产成本，满足订单交付要求。

汽车柔性生产的能力主要体现在工艺柔性、设备柔性与组织柔性。工艺柔性以产品模块化为基础。设备柔性以生产与物流的自动化设备为基础。组织柔性以精益思想为主导的混流均衡化生产为基础。此外，柔性生产对车间产线布局和生产自动化控制提出更高要求。

（3）物流与供应链协同

汽车生产过程涉及的产品零部件可达上万种。面向订单的柔性生产，不但要求汽车企业在成本、品质和供应链管理方面具有很好的管控能力，同时也要求零部件配套供应商具有同样的生产、交付、成本管控能力。缺料、错料会对生产效率、质量保证、产品交期等产生致命影响。因此，汽车企业的物料与物流管理非常重要，如何提高供料准确性、物流及时性是重中之重。此外，对整个供应链体系而言，需要及时了解整个供应链的实时信息。在供应链的运作过程中，需要实现供应网络的透明度与高效运作，一旦出现问题，零部件供应单元能够予以快速响应。

（4）自动化与信息化融合

随着信息技术、自动化技术、机器人技术等先进制造技术的应用，汽车生产线不再是简单的人机配合生产，而是人、机器、信息系统和各种相关设备紧密连接在一起，自动化与信息化深度融合。

先进数控设备促进汽车生产整体进入柔性化时代。汽车工业的发展，对冲压自动线、精密铸件自动线、机器人焊装自动化成套装备、激光切割和焊接设备、机器人喷涂成套装备、总装自动化成套设备、数控刀具系统、测试设备等提出更高要求。

汽车制造对自动化技术的需求体现在高质量、少人化、柔性化、可追溯和透明化等方面。例如，企业为降低成本不断提高对劳动生产率的要求，少人化将成为重要发展趋势，相应带动机器人、自动检测、自动输送等系统的应用。此外，由于用户需求趋于多样化和个性化，订单式生产已成为不可回避的趋势，这就要求生产线可以提供多种选择。在实际生产时，需要多种车型、不同配置的车辆共线生产，这对生产柔性的能力要求提高，如自动识别车型、自动更换夹具、自动选择程序等。因此，自动化和信息化成为现代化汽车企业的重要标志性技术，一般在建设规划时都要给予充分考虑，需要从发展规划、生产管理、信息技术、自动化技术、综合成本等多个专业领域进行统筹。

2.1.2　汽车生产自动化与信息化技术

汽车制造是典型的多工种、多工艺、多物料的大批量生产过程。在汽车整车厂的车型增加、多车型混线生产、人力成本攀升和生产交货期缩短的大背景下，汽车的生产工艺与设备自动化程度不断提高。在冲压、焊装、涂装和总装等汽车四大生产工艺中,焊装和涂装是自动化水平要求较高的两个工艺流程,其生产任务主要通过工业自动化来完成。

1. 汽车生产的自动化技术应用

由于汽车的生产规模化和生产工艺的复杂性,对生产的自动化及其控制系统的要求高。自动化系统是提高生产效率、降低生产成本、提高生产管理水平的重要手段。自动化系统涉及的不仅是继电器回路的控制,还包括网络架构、路由决策、现场人机交互界面、远程监控、机器人的控制、远程的智能终端、系统的集成等多个方面,同时还要考虑网络的性能、稳定性及网络多种控制器件和单元,任何一个单元的故障都可能会造成整个生产线的停产。

(1) 工业机器人

自动化设备可以显著提高和保证产品质量。工业自动化的核心装备之一是工业机器人。受到人力成本攀升及制造节拍的影响,整车厂对机器人的需求日益明显。在汽车行业,较为典型的工业机器人应用包括:

①焊接机器人。焊接机器人在白车身焊接过程中应用广泛,如点焊焊接、螺柱焊焊接、CO_2焊。焊接机器人的焊点数量决定着生产线自动化率,焊点质量决定着整个车身质量水平。

②检测机器人。机器人在线激光检测主要用于确保车身尺寸,实现100%检测和失效立即控制。系统一般由机器人系统、检测报警控制系统、激光测量系统、数据分析系统和远程监控系统等部分组成。

③物流机器人。物流机器人是自动化生产线最基础的自动化工艺,具体包括搬运机器人、AGV等。物流机器人通常会结合生产计划指令自动下达、自动化存储、差异防错等自动化技术,实现指令下达、接收、存储、识别、搬运等物流作业。

在汽车焊装、涂装与总装车间,上述机器人综合构成自动化生产线,实现汽车制造的自动化生产。例如,在白车身制造过程中,搬运、焊接、激光在线检测、在线冲孔和门盖包边等工位大量采用工业机器人技术,提高了生产的自动化程度，车身的焊接质量与生产效率得到同步提升。同时，在劳动强度大、环境差的工位全部采用机器人，大幅度减少生产人员数量。

（2）模块化自动组装

在汽车制造过程中，由于产品采用模块化结构设计，通常把汽车各子系统的产品结构与相互零部件组装集成为大总成模块。这样可以减少组装线长度和生产线组装工时，提高装配效率，提高生产节拍（Tact Time，T/T），并扩展装配线的柔性化程度，缩短产品生产周期。

例如，总装车间的底盘合车采用AGV自动导引小车，利用电磁或光学等自动导引装置，实现路径自动跟踪、转向同步行驶，并且具有障碍物识别、停车、自动调速和无线通信等功能，实现底盘合车无人化、自动化装配。

因此，汽车整车制造作为高度自动化的行业，柔性化、智能化的机器人是实现汽车智能制造的关键。

2. 汽车生产中的信息化技术应用

生产自动化程度对车间管理水平的要求高。由于对制造技术的关注更侧重于制造过程的设备自动化，在设备自动化程度不断提高的同时，生产管理效率反而提高缓慢。在汽车多车型混线生产过程中，物料准备、设备分配、流程控制和质量检验等管理的复杂程度、时效性要求和工作量大幅增加。单一的设备自动化难以提高生产组织的效率和物料的流动性，导致自动化设备难以得到高效利用。

（1）物流信息化

在汽车的大批量定制生产过程中，用户可以从上万种内部和外部选项中选定所需要的颜色、发动机型号等。汽车生产企业如果完全根据订单组织生产，汽车装配流水线上可能存在上百种样式的汽车。自动化的物流跟踪是顺利生产的前提条件。对于每道生产工序，必须要对汽车进行明确识别，以避免出现选配件错误安装、调漆颜色不对等问题。例如，在装配流水线上应用RFID技术以尽可能大量地生产用户定制的汽车。在装配流水线上配有RFID系统，电子标签上包含汽车组装所需的所有信息，在每个工作点都有 RFID 读写器，这样保证流水线各个工位处能够毫不出错地完成装配任务。

（2）质量信息化

质量管理是一个发现问题和解决问题的持续过程。在质量管理的信息化过程中，质量信息化形成了一个缺乏统一标准的多平台体系。通常是针对具体问题，采用信息化途径逐个予以解决。例如，丰田汽车秉承"绝不让不合操作标准的产品进入下一道工序"的理念，运用了 Andon 系统。通用汽车为了对装配过程中的安装力矩进行管理，导入 QCOS（Quality Check Operation Sheet）系统等。这些系统需要通过整体架构使其便于系统扩展与集成。

（3）管理智能化

上述问题的最终决策或解决在很大程度上仍依赖于人的智慧。随着市场竞争的加剧和信息量的增加，这种依赖程度将越来越大。这就要求汽车生产系统具有一定的信息加工能力，特别是对信息的智能加工能力。通过数字化智能生产，实现生产过程的自动化和管理决策的信息化。

汽车制造自动化技术目前已经实现了 PLC、变频器、机器人、图像识别、数字控制等控制技术的一般应用。今后的需求主要体现在信息技术的标准化整合、智能设备的使用以及综合管理平台的搭建。标准化是降低信息系统开发与集成难度的重要措施。智能设备的主要作用是进行高速柔性生产。汽车制造业经过长期的信息化建设，开发和积累了大量的系统工具和过程数据，应该实现这些系统工具、数据的深度集成共享。因此，在汽车生产的自动化与信息化建设过程中，需要整体考虑，建构一个理念先进、技术合理、结构统一、功能完整、易维护和可扩展的生产管理信息综合平台。

案例 自动化与信息化融合案例——德国奥迪的未来工厂

对汽车行业而言，汽车柔性制造数字化车间就是通过自动化传输设备，将生产线上各工序主要生产设备连接成一条数字化的全自动生产线，在 MES 的控制调度下，自动实现各生产线生产计划的优化编制、计划下达、计划修改及零件工艺路线设定、加工程序选择等作业;系统控制物料自动输送执行机构,进行生产线物料的自动分配、跨线调运、准时供应等;通过网络通信系统,控制生产线加工设备,自动调用加工程序,对来料进行加工,实现生产线全自动连线生产,达到生产线无人或少人化作业的目的。

2016年德国奥迪公司提出未来智能工厂概念,如图2-2所示。在未来智能工厂中,传统的装配流水生产线消失不见,通过AGV实现产品的流动,零件运输由AGV甚至无人机完成。工站由独立智能工作岛(Competence Islands)组成。在独立智能岛,工人和机器人协作将电动机、燃料电池系统和内燃机等动力系统搭载到车身。焊接、组装、物流机器人遵循更高层次的逻辑,实现有序运行,使生产更加具有柔性。

1. 产品高度个性化,客户定制
2. 生产线将被小规模柔性生产单元(能量岛)取代
3. 智能工作台/智能搬运系统自动计算搬运
4. 大数据智能监控中心管控每一台车辆和零部件的生产
5. 智能集成系统(信息化与自动化融合、芯片与数据交流)
6. 智能机器人与高素质工人协作
7. 智能辅助设备(可穿戴)
8. 3D打印等复合性生产工艺

图2-2 奥迪未来工厂设想

奥迪智能工厂的核心技术主要包括:

(1)智能物流系统

零件物流是保障整个工厂高效生产的关键,在奥迪智能工厂中,零件物流运输全部由无人驾驶系统完成。转移物资的叉车也实现自动驾驶,实现真正的自动化工厂。

(2)智能机器人

在奥迪智能工厂中,小型化、轻型化的机器人将取代人工来实现琐碎零件的安装固定。柔性装配车将取代人工进行螺钉拧紧。在装配小车中布置有若干机械臂，这些机械臂可以按照既定程序进行位置识别、螺钉拧紧等。柔性抓取机器人不同于现阶段的抓取机器人，该机器人最大特点在于柔性触手，这种结构类似于变色龙舌头，抓取零件更加灵活。除了抓取普通零件外，柔性抓取机器人还可以抓取螺母、垫片等细微零件。

（3）智能装配系统

未来奥迪智能工厂将借助虚拟现实技术（Virtual Reality，VR）来实现虚拟装配，以发现研发阶段出现的问题。借助 VR 设备，设计人员可以对零件进行预装配，以观测未来实际装配效果。装配辅助系统可以提示工人何处需要进行装配，并可对最终装配结果进行检测。在一些线束装配任务中还需要人工的参与，装配辅助系统可以提示工人哪些位置需要人工装配，并在显示屏上显示最终装配是否合格，防止出现残次品。

（4）智能品质保证系统

数据眼镜类似装配辅助系统，数据眼镜可以对看到的零件进行分析，发现缺陷与问题。数据眼镜可以对员工或者工程师进行针对性支持。

2.2 汽车生产信息系统

2.2.1 整车制造的整体生产流程分析

整车制造的冲压、焊装、涂装和总装工艺都是建立在汽车生产流水线为前提的基础之上，汽车生产整体流程除去冲压工序以外，从焊装开始就形成了车辆流水线组装的生产模式。

1. 冲压车间

冲压是整车生产工艺流程的第一个环节。冲压车间主要负责将钢板通过不同的车身模具冲压成形。冲压车间的生产特点主要包括：

(1) 生产工艺简单

冲压车间主要包括落料线和冲压生产线。整车厂冲压主线一般采用自动连续冲压的方式，运用机器人抓取搬运，在生产线末端人工品质检查。中小型冲压线不是自动连续冲压的方式，主要采取小批量冲压方式，辅以快速换模、各种简易自动化设备提高生产效率。

(2) 换模时间长

不同车型使用不同形状的内外板件，冲压设备需要采用不同的模具。汽车内外板件尺寸较大，使用的冲压设备吨数与模具重量较大，最大型的冲压模具重量在 40~50t。换模时可能出现模具安装、固定位置等偏差，在批量生产前需试制与调整。由于换模时间较长，冲压车间的生产排程需考虑换模效率因素。

(3) 库存管理

冲压车间库存管理涉及原料库、半成品库和成品库。原料库位于落料线的前端，半成品库位于落料线与冲压线的中间位置，成品库位于冲压线的末端。原材料、半成品以及成品都需要进行出库、入库操作，因此在每个库房出入的两个位置各设有一个信息采集点进行信息收集，后台有库存管理模块对上述三个仓库的库存作业进行实时管理。一般在整车厂内，在仓库中设定固定的库位来存放冲压零件，一般采用看板来进行管理。

需要强调的是：由于冲压车间采用批量生产方式，其生产计划、过程控制、库存管理、管理系统和整车生产流水线相对独立。

2. 焊装/涂装/总装车间

如图 2-3 所示，整车厂的焊装、涂装和总装车间形成的一个有序的链式结构，一般采用传输链连接在一起。焊装车间将冲压好的各种车身板件焊接在一起，形成白车身总成。白车身总成被送入涂装车间进行车身密封和油漆。在总装车间一般采用混流装配线生产模式，完成车身、发动机、变速器、内饰、仪表盘、座椅等零部件的合流组装下线,再经过检测室和路试场的检验调整后成品下线。

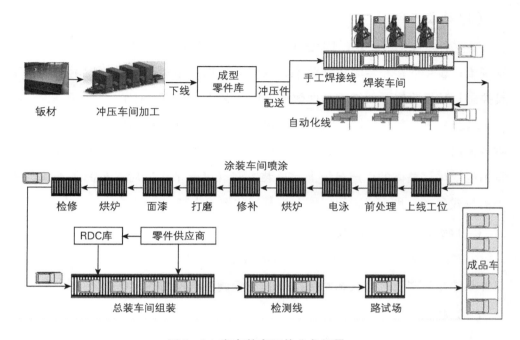

图 2-3 汽车整车厂的业务场景

整车厂的主要业务内容包括:

(1) 焊接车间

接收日焊装生产计划,固定当天的焊装生产顺序队列,发布当天的焊装生产计划;完成车辆特征代码转化;车辆上线与下线的数据采集;焊接主生产线与子线顺序作业指示单和 MES 流转卡的打印;设备连接指示和结果数据收集;冲压件和焊装件的取货指示;焊装生产线上的车辆状态跟踪;问题车辆的下线和重新上线的处理;基础数据的维护;信息查询等。

(2) 涂装车间

接收日涂装生产计划,创建和固定当天的生产顺序计划;车辆上线与下线的数据采集;涂装生产指示单的打印;设备连接指示和结果数据收集;物流指示单；进入空车身存储区（Painted Body Store，PBS）控制指示；涂装生产线上的车辆状态跟踪等。

（3）总装车间

接收日总装生产计划，固定当天总装生产顺序队列；车辆上线与下线的数据采集；设备连接和结果数据收集；物料分拣指示单；亮灯选件指示；拧紧工具控制与数据收集；关键零部件数据采集；总装生产线上的车辆状态跟踪等。

总装车间一方面直接面向用户需求，另一方面同时向涂装和焊装车间发出物料需求。因此，根据生产组织模式的不同，总装车间生产计划的制订方式也有相应变化。整体的生产组织上，总装车间既可以采用以后序车间的需求为基础的拉式生产，也可以采用以库存为基础的推式生产。

（4）物流部/生产调度

生产计划接收/生产结果传输；确定和发布各车间日生产计划；生产线车辆状态跟踪和生产线运行状态监控；PBS车辆调度与控制等。

（5）质量部

接收日生产计划；质量检测指示单打印；质量检测设备连接和结果数据收集；车辆在检测线和工艺停车场的状态跟踪与报告；合格证关键信息传输、信息查询等。

3. 整车厂精益生产

随着汽车市场的品质与成本竞争，以及对柔性生产的需求，精益生产一直是汽车生产管理的重要主题，并得到持续推进。丰田生产方式中的JIT思想、平准化、同步化、快速换模、多能工、看板拉动等在汽车行业得到普遍应用。在汽车的精益化生产实践过程中，一个核心问题是如何将生产过程中车辆的各种数据、信息加以综合利用，将这些数据、信息通过信息系统进行进一步处理，使其能够用于工厂的自动设备、质量管理、交货期管理、供应链采购、成本控制、物流管理等各个环节。简单地说，就是将车辆在车间的生产形态无限制地放大和共享，被各个外部环节所用，通过这种途径实现管理效率的提高和资源配置的优化。

汽车整车制造过程中，由于车辆是按照流水线方式进行排列的，遵从某一相对固定的生产运行节拍，从车辆焊装开始，经过涂装，最后进行总装和品质检查。在这些过程中，要实现精益化的车辆混流生产体系。如何管理、组织和协调这种多空间、多维度的信息成为汽车企业主要业务需求。

(1) 生产计划

一般情况下，通过生产预测进行生产组织与准备。同时，为了快速响应市场需求，越来越多地采用面向订单生产模式。而生产计划的频繁变更，要求整车厂具备从生产计划下达到整车成品产出的生产调度与生产决策优化能力。

(2) 质量管理

汽车制造过程所涉及的零部件种类与数量繁多，在生产线中极易出现装配错误，造成质量下降。

(3) 生产设备

汽车整车制造采用流水线生产，生产的自动化程度高。车型扩展与产能提升对设备的柔性化生产要求较高。

(4) 物流与供应链

混流生产要求物料供货同步，要做到同期计划同步供货，生产物流与供应链极其复杂，对交期管理要求较高。车型扩展与产能进一步提升，对物流与仓储带来极大压力，要求生产物流与零部件采用JIT供货模式。

(5) 生产过程实时监控

汽车生产工艺涉及物料供应、焊装、涂装、总装、下线库存、车间线体执行，其工艺过程、信息系统与控制系统较为复杂，生产过程信息的数据采集量大，从ERP系统到PCS的数据交互与信息通信至关重要，要求具有特殊车管理和车辆监控跟踪功能。

2.2.2 汽车生产信息系统整体模型

综合交期、成本、生产效率、市场、供应链等因素,按订单排产、单台混流的精益生产方式是目前汽车整车生产追求的一种较为理想的生产组织模式,其整体信息系统的架构如图2-4所示。

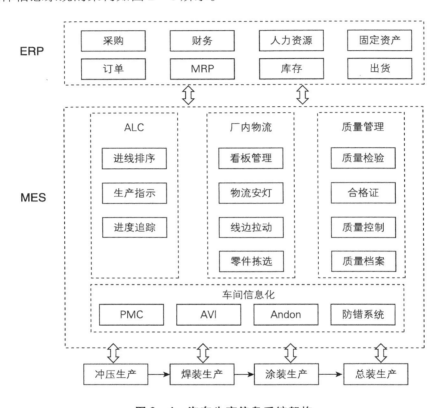

图2-4 汽车生产信息系统架构

整车厂物流拉动信息集成模型是由 ERP 系统、MES、产品数据管理(Production Data Management,PDM)系统、仓储管理系统(Warehouse Management System,WMS)等系统高度集成,具体如图2-5所示。各物流拉动模块通过业务信息实现生产、物料、采购等功能驱动,实现精益化、敏捷化、同步拉动的汽车柔性生产。

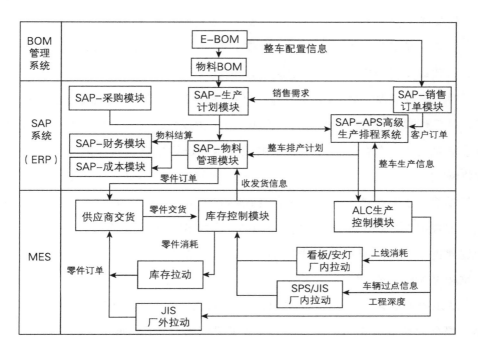

图 2-5　汽车拉动生产信息模型

PDM 负责物料清单（Bill of Material，BOM）维护、车型配置和设计版次控制。BOM 分为设计 BOM（Engineering BOM，E-BOM）和制造 BOM（Manufacturing BOM，M-BOM）。E-BOM 主要包括整车特征配置、零件 CAD 等信息。M-BOM 是指导日常生产和物料供应的物料清单。ERP 系统接收 PDM 系统的 BOM 数据，并转换处理为 ERP 系统适用的数据格式。

ERP 系统整车销售需求管理模块一方面接收客户和零售商的订单，同时还接收市场部对未来时段市场的整车需求与销售预测。ERP 系统整车订单管理模块在销售订单与销售预测的基础上，生成整车订单。ERP 系统根据工厂产能进行整车排产计划。整车排产计划发送至 ERP 系统的物料管理模块，根据 ERP 系统的 BOM 和 WMS 的库存信息进行零部件的 MRP 运算，生成零件供货需求，并下放 WMS。ERP 系统需要集成 WMS 的零件收、发、存信息，并将这些信息传输至 ERP 系统财务结算模块，据此进行开票结算。

整车订单和 BOM 下放至 MES。MES 根据整车订单与 BOM 进行排产,并进行车辆上线跟踪。根据生产下线的整车车辆信息更新 ERP 系统整车订单合成状态,整车交付至销售并由其配送至客户。

对于一般零件,MES 根据整车厂实时库存变化情况,发出物料拉动需求信息。排序件根据 MES 车辆上线序列和 BOM 生成物料排序拉动信息,上述物料需求信息同步发布至供应商平台,供应商据此进行物料交货。对于线边的零部件物料供应,MES 可提供两种方式:一种是通过生产线边的安灯、看板等方式进行零部件 JIT 拉动;另一种是台套式供应(Set Parts Supply,SPS)拉动模式,即根据 MES 车辆上线序列和 BOM,生成 SPS 台车配送信息,物料供应部门据此进行零部件配料和上线拉动。MES 的零部件异动信息同步传输至 ERP 系统和 WMS 系统。

从系统的框架及功能可以看出,工厂的拉动系统由 ERP 系统负责财物结算、整车计划及销售等功能,物料拉动主要依托于 MES 进行实现。

2.2.3　汽车整车厂的 ERP 系统模型

整车厂 ERP 系统一般包括采购管理、库存管理、销售管理、财务管理、成本管理、质量管理和计划管理等核心模块。而每个子系统又分为若干业务模块,具体的业务模块如图 2-6 所示。

(1)采购管理子系统

采购管理子系统一般包括供应商管理模块、采购申请模块、采购订单模块、采购价格模块、框架协议模块、询价报价模块、采购发票模块等子模块。

采购管理子系统的时间域是从 MRP 生成采购计划开始,直到验收收货完成的整个采购过程。采购管理子系统实现计划下达、生成物料采购单、采购单执行、到货接收、原料检验入库以及采购结算的原物料采购全过程的组织、跟踪和监控管理。

(2)库存管理子系统

库存管理子系统包含物料主数据、产品批次管理、序列号管理、出入库管理、库存盘点等主要子模块。系统可以对汽车制造企业库存物料的出库、入库以及盘点和移动业务进行全面而有效的管理和控制。

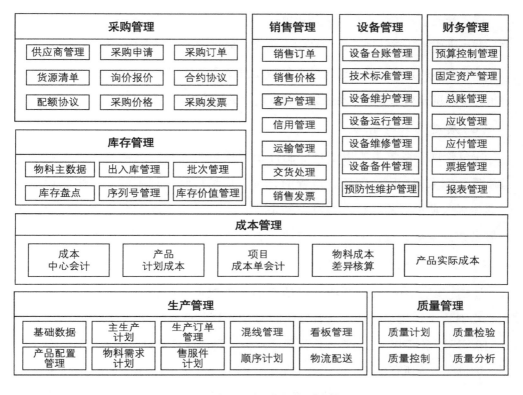

图 2-6 汽车整车厂 ERP 系统功能模型

（3）销售管理子系统

销售管理子系统负责完成销售的各个环节的管理。其功能项如销售订单、客户信用管理、发货与运输管理、销售发票应用于汽车制造企业的各个销售业务环节，支持多种形式、多种手段的销售业务处理。

（4）财务管理子系统

财务管理子系统包含总账管理模块、应收、应付、现金与存款管理、固定资产管理、预算控制管理、报表管理等主要子模块。

财务管理子系统是企业销售、采购、生产、质量控制、成本等模块的中心枢纽，是企业数据汇总的媒介，是企业决策层监控会计事务、实现对企业生产经营活动综合管理的平台。

(5) 成本管理子系统

成本管理子系统为汽车制造企业单一产品、单系列产品或某一期间内所有的生产经营提供成本计算维护，如产品实际成本、项目成本单、产品计划成本、成本中心会计和成本差异核算等。通过该系统帮助汽车企业进行各种趋势分析及产品获利分析，多角度分析企业成本及趋势，达到科学的降本提效目的。

(6) 质量管理子系统

质量管理子系统主要用于企业制订相关质量管理的控制策略，企业可以通过质量数据采集规则的制订、过程的分析、质量控制与规则的定义来实现质量管理体系各项指标的制订。在汽车制造企业生产经营活动的各个重要环节，进行质量数据采集，提前获悉异常波动，进行及时而有效的功能控制。

(7) 计划管理子系统

计划管理子系统的主要功能包括产品基础数据维护、汽车上线生产顺序计划、物料需求计划、物流配送计划等计划的制订与调整。

在 ERP 系统中，计划管理作为核心业务，涵盖生产计划、看板管理、能力计划、物流配送等所有生产环节。其中基础数据中又包含物料的供应商信息、采购信息、物流配送信息、质量控制信息等其他各相关模块信息，并在生产装配过程中与库存、财务及成本核算各模块进行数据的交换和共享。在 ERP 系统中，一般通过接口将主生产计划传达给 MES，MES 创建和维护日进线计划与物流计划。

2.2.4 汽车整车厂的 MES 模型

汽车整车的设计、生产制造、销售等相关环节复杂，对制造信息系统的要求及依赖度极高。MES 是整车制造环节的核心应用系统。整车 MES 是基于汽车生产的业务流程与需求，采用 JIT 思想，经过长期的发展与实践而形成的一个与生产线密切相关的生产执行系统。其主要功能贯穿整车厂供应和生产业务价值链，支持生产计划、物料管理、质量管理、交车管理等不同职能部门的业务流程。汽车整车厂 MES 功能模型如图 2-7 所示。

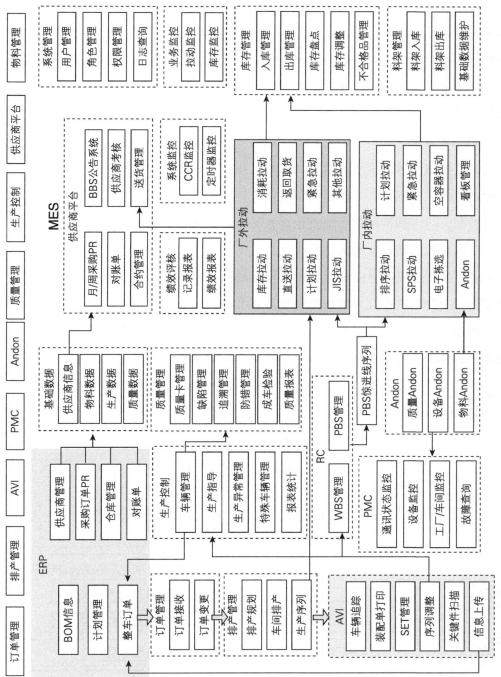

图2-7 汽车整车厂MES功能模型

第2章 汽车精益智能生产系统

质量跟踪、计划排产和物料管理是汽车行业提高产量、增加效益和增强企业市场竞争力的关键。整车 MES 是一个模块化结构集合，实现对焊装车间、涂装车间和总装车间的质量、计划、物流、生产工艺流程进行控制。MES 可以为车型的多样性、生产流程的复杂性和工厂的特殊要求提供支持。MES 可以对客制化订单进行实时管理。

MES 根据生产订单的详细说明，对生产车辆进行排序，实现了汽车混线生产的顺序控制管理，支持多车型共线柔性生产。根据车辆识别条形码，监控整个生产流程，控制设备操作，实现客制化订单的实时过程管控。此外，通过计划与控制，可实现均衡化连续流生产，平衡产线负荷，实现生产线的空闲时间最小化要求和劳动强度均衡化的排产。

通过生产过程数据采集和实时监控系统，提供每个阶段生产过程状态的联机图像以及每辆汽车订单的生产进度。在此基础上，系统向总装提供必要的车辆上线指示信息。同时，MES 通过物流控制，向物料操控部门或零部件供应商提供备料信息，要求进行及时供货，实现同步化生产与零部件同步交付，满足零件库存最小化要求。在此过程中，MES 还需要实现与 ERP 等其他系统实现如图 2-8 所示的业务集成，如接收 BOM 与客户订单、补打合格证、历史记录追溯、历史记录修改、自定义信息的存储和统计等功能。

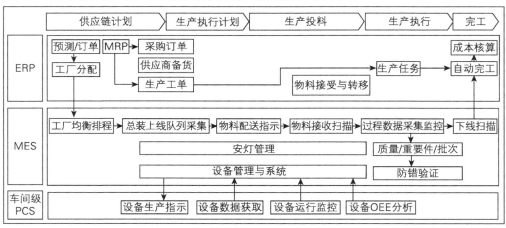

图 2-8 汽车行业 ERP/MES 系统业务集成模型

简而言之，MES 的意义在于订单化柔性生产以满足市场需求，信息化生产控制以提高产品质量，减少库存以降低成本。其核心功能如图 2-9 所示。

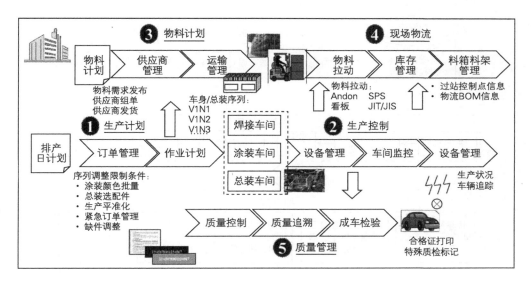

图 2-9 汽车 MES 主要功能示意图

2.3 汽车 MES 架构

2.3.1 车间级 MES 架构

车间级 MES 是整车厂 MES 的主要组成。车间级 MES 的主要功能包括：实现焊装、涂装与总装车间底层数据信息（计划执行状态、设备报警信息等）的实时采集、柔性计划管理、过程可视化管理、设备报警实时监控、系统集成等。车间级 MES 框架一般划分为三层结构，如图 2-10 所示。

处于最底层的物理控制层是系统数据采集与处理的主体，为整个系统的实现提供了数据基础支撑。业务流程层是车间整体工作的业务流程，它决定了 MES 的管理流程，业务流程层介于管理功能层和物理控制层之间，决定二者的

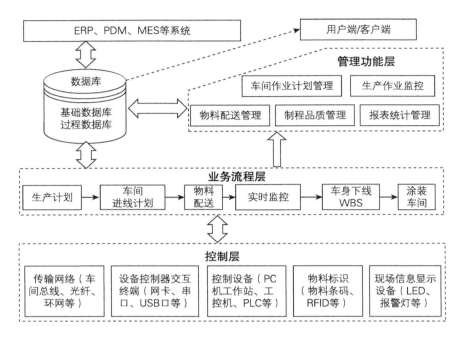

图 2-10　汽车行业车间级 MES 系统层次模型

工作逻辑顺序。管理功能层是 MES 各功能应用模块的实现，各功能对应于各车间的管理需求。MES 实现对车间整体数据信息的全局一致性控制，建立统一的全局数据库以完成全部数据的存储、读取以及分析处理工作，便于车间生产过程的统一集成管理。车间级 MES 架构如图 2-11 所示。

（1）冲压车间

MES 生产管理模块将对卷料、板料、冲压自制件的出入库信息以及各冲压线体的生产信息和品质信息进行记录，及时、准确地对车间内各种数据进行汇总和分析，提高车间可视化水平，为管理者生产决策提供客观可靠数据。冲压车间管理的主要需求包括计划分解与分析、卷料库存管理、板料库存管理、产线生产信息录入、产线质量信息录入、冲压自制件库存管理、钣金手修管理、质量问题库存及质量图片维护、设备效率分析等。

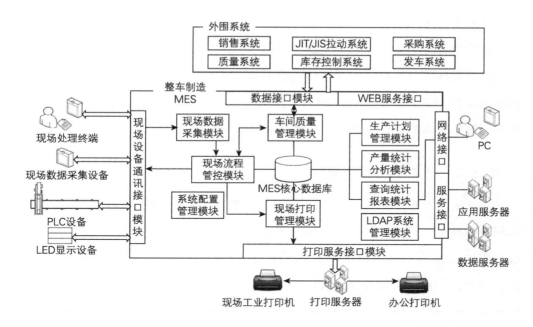

图 2-11　车间级 MES 架构

（2）焊装车间

从生产计划编制、下发、执行、跟踪与统计分析的全过程。同时，通过 MES 的集成以及对生产过程中质量、物料数据的记录，使管理人员能够实时监控车间内的各项业务活动，为生产的持续改善提供保证。焊装车间的主要管理需求包括各种焊装总成焊合校验、生产作业指示票维护与打印、车门区顺建物料单打印、一检、终检质量检查、不良品记录与查询、质量数据录入与分析报告、生产队列查询、白车身存储区（Welded Body Store，WBS）路由控制、生产监控、设备效率分析等。

（3）涂装车间

涂装车间的系统管理需求主要包括计划管理、品质管理、系统集成、作业指示、统计报表、异常情况处理等，通过与车体识别系统（Automatic Vehicle Identification，AVI）集成，可以实时了解从 WBS 到涂装完工的车辆队列，管理人员能时刻掌握车间内的各项业务活动，帮助提高生产效率和产品质量。

(4)总装车间

总装车间的主要系统管理需求包括计划编制与下达、作业指示、车体跟踪、品质管理、统计报表、异常情况处理等,同时与AVI系统集成,实时掌握PBS车辆队列信息,实现与多种类型自动化设备的系统集成,使总装人员能够实时了解车间内的各项业务活动,提高装配效率和质量。

2.3.2 工厂级MES架构

除冲压车间外,MES的管理与控制范围覆盖了焊装车间、涂装车间和总装车间内的整个生产流程。为了保证严格的汽车生产顺序,首先从焊接车间的车身顺序控制开始,顺序经过WBS存储区、涂装车间、PBS存储区、总装车间、质量部的汽车检验线等区域。

工厂级MES架构如图2-12所示。MES生成冲压、焊装、涂装和总装车

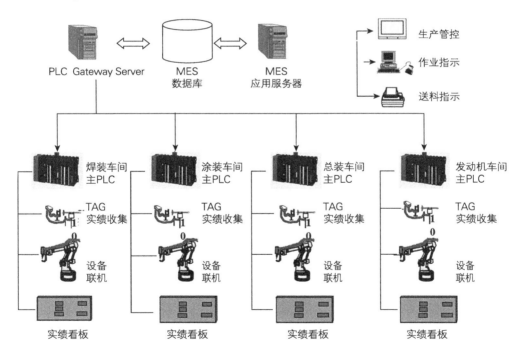

图2-12 工厂级MES架构

间的排产计划，同时生成厂内与厂外物流计划，并发布给外部零部件供应商与物流承包商。工厂物流在中央控制室（Central Control Room，CCR）维护主数据。例如，定义选择条件和生成重复订单等。生产下线完成后的质检点数据会被传送给专门的分销系统，另外还可采用 EDI 格式将数据提供给供应商。

2.3.3 MES 流程分析

1. MES 信息控制点

生产现场信息控制点是整车制造 MES 控制流程的基础。整车厂生产现场信息控制点如图 2-13 所示。MES 通过 AVI 系统记录关键节点的车辆过点记录，跟踪车辆位置，了解车辆的实时生产进度。MES 记录的在途车辆信息主要包括车辆位置、车辆状态（Hold、SET-IN、SET-OUT、下线等）、调整返修、前/后车车号、生产序列、AVI 过点时间、工艺路径等。

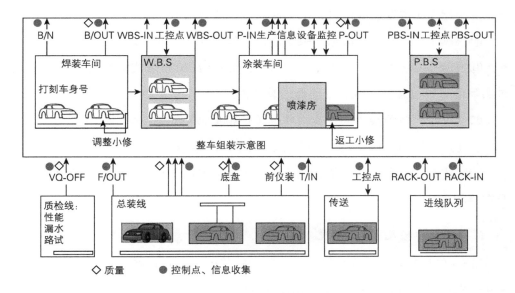

图 2-13 汽车生产工艺控制点

图 2-13 所示生产车间的各个生产现场控制点的具体含义与采集流程如下：

①在焊接上线的（Body In，B/I），打印车体投入指示（Body Release）。

②通过白车身检查点（Body Out，B/O），回传实绩状况。

③通过涂装前处理上线（Paint In，P/I），回传实绩状况。

④通过中上涂入口检查点（Intermediate Coat In，I/C），回传实绩状况。

⑤通过涂装返修工艺入口（Repair In，R/I），回传实绩状况。

⑥通过涂装空车身完成下线（Paint Out，P/O），回传PBS入口检查点实绩状况。

⑦CCR指示PBS区出口（Line Sequence，L/S）进线队列排序，进入总装线（Trim In，T/I）。

⑧根据T/I点发送的信息，采集前仪装线上线实绩状况。

⑨根据C/I点发送的信息，采集底盘线上线实绩状况。

⑩根据F/I点发送的信息，采集后仪装线上线实绩状况。

⑪根据F/O点发送的信息，采集后仪装线下线检查点实际状况。在车辆通过实际信息中包含发动机、变速器的装载信息。

⑫通过车辆检测线，回传实绩状况（Inspection Out）。

⑬通过冲淋出口检查点，回传实绩状况（Shower Out，S/O）。

⑭回传车辆交车入库实绩状况（D/I交车入库完成），采集车辆的停放场所及车辆状态。

2. MES的核心业务流程

MES的运行是建立在如图2-14所示的整个核心业务流程基础上。MES定期从整车厂供应链系统获得基于EDI标准的客户订单数据。MES的订单管理模块首先对订单数据进行分类汇总后，对订单数据进行优化，最终产生生产计划。

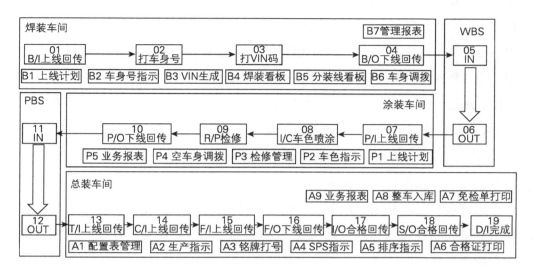

图 2-14 汽车 MES 生产业务流程组成

为了监控整个生产流程,在生产计划产生后,MES 依次为每个车身分配唯一标识代码——车辆识别代码(Vehicle Identification Number,VIN)。VIN 码一般采用条码方式进行标识,为每张订单打印识别条码,并在整车生产流程卡上粘贴该条码。整车生产流程卡与 VIN 码在焊装车间被安置在车身上,用来跟踪车辆的实际位置和生产进程。整车出厂后产品追溯主要通过 VIN 码进行。

同时,MES 还会打印出整车装配清单,包含该订单的主要零件装配信息,用于指导相关工位装配。整车装配清单将粘贴在发动机舱盖上。整车制造企业由于法律规定,对于涉及整车安全的零部件信息,必须要保留至少 15 年。因此,在整车装配过程中都需要记录相关的零部件信息,并和 VIN 码、订单识别号绑定。整车厂在国家规定的零部件编码原则基础上,自定义零部件编码,用于整车的产品质量追溯。

在焊装车间、涂装车间与总装车间,MES 按工艺流程顺序设立对应的数据采集点(Data Capture Point,DCP)。当车辆顺序经过现场 DCP 时,在每个数据采集点,通过扫描或人工方式采集相关数据信息,MES 会对数据进行进一步的需求分析，向零部件供应商发出供货请求。同时，MES 对各方面的数据进行综合分析后，向底层的设备控制系统发送控制指令，控制生产流水线的生产内容与进度。在生产现场，MES 根据采集的订单号在现场点显示车辆信息数据，由现场作业人员进行相关数据的输入、处理、输出，完成现场车辆的生产操作、现场状态监控与异常处理和其他现场操作流程。相关的生产过程数据存入 MES 的数据库，后台可实时跟踪不同车间车辆的生产状况。

例如，当车辆经过总装车间的数据采集点 T/I 后，MES 会得到车辆过点信息，在对采集数据进行需求分析的基础上，要求总装车间的清单打印机打印出总装清单。在整个过程中，MES 会根据获得的各个车间的库存数据进行需求分析。当发现库存不足时，MES 会向位于整车厂周边的中储仓库和零部件供应商发出供货请求。当车辆流经车门、仪装、底盘等装配线时，MES 则会要求相应的打印机打印出装配清单，一线工人据此进行装配作业。在整车装配完成报交点，MES 会对车辆的整体装配情况进行出厂前检查（Pre Delivery Inspection，PDI），以验证车辆是否按照订单数据的要求生产。对那些不符合订单数据要求的车辆进行返修。对于合格车辆，MES 负责打印合格证、油耗、免检单等证书。经过验证的订单数据会经 MES 进行归档，并通过 EDI 系统发送回 ERP 系统的销售订单系统。MES 通过位于停车场的数据采集点记录车辆的库存情况。

2.3.4 MES 的功能

1. 业务功能架构

整车 MES 的业务需求主要包括生产控制管理、物料管理、质量管理和设备管理，整车 MES 功能以生产制造为功能主线，物流配套和质量管理为业务支撑，主要划分为生产计划、生产控制、物料计划、现场物流、质量管理五大业务模块，设备管理功能包含在生产控制模块中，如图 2-15 所示。

MES 的业务功能层次模型如图 2-16 所示，涵盖 MES 的核心系统功能。

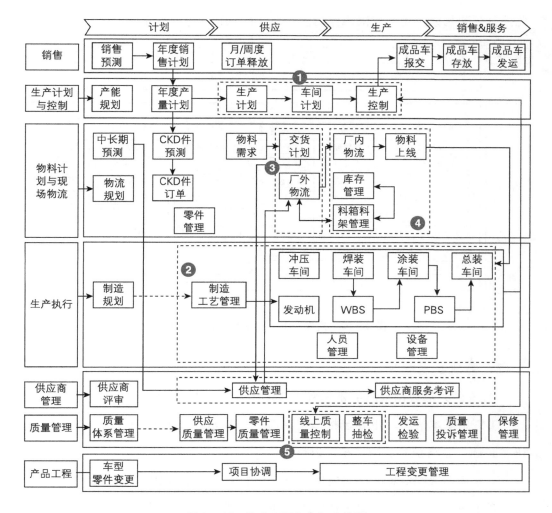

图 2-15 汽车 MES 业务功能图

系统的业务核心模块包括接收生产顺序计划、发布生产指示、设备控制、车辆状态跟踪、质量控制、车间管理、物料拉动控制等。MES 以现场流程管理控制模块和数据库为核心，以数据接口模块和车辆数据维护模块进行生产数据管理，包括订单数据和车型数据等；以现场设备/通信接口模块、数据采集模块、打印管理模块、流程控制模块进行生产流程与设备控制；以生产计划管理模块、产量统计模块、查询统计报表模块等实现网络化车间生产管理与监控。

此外，还包括系统用户权限操作功能、系统配置管理模块等系统管理功能。

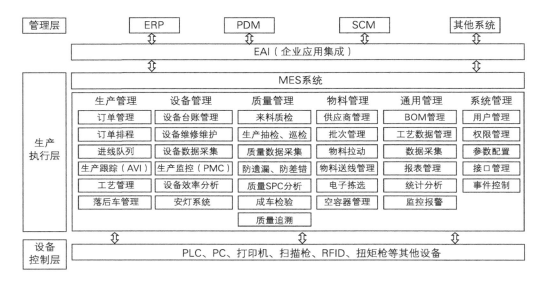

图 2-16　汽车 MES 业务功能层次模型

2．基础数据管理

MES 的外部数据来源主要分为订单数据和车型基础数据。

①订单基本信息。主要包括车型、颜色、年份、发动机号、车身号、VIN 码、企标、合格证号、特殊车标识等。

②车辆选装件信息。主要包括门板、前围、离合器等 BOM 数据。

③车辆条码信息。主要包括各选装件条码记录，车辆钥匙密码记录等。

④车辆过点信息。记录通过生产工艺流程上的每个现场点的时间。

上述车型信息数据和车辆订单数据由销售部门、规划部门、设计部门及生产部门等不同部门建立，由不同系统生成数据与进行维护，并通过对应的数据接口模块导入 MES。在导入过程中，通过数据匹配处理模块，按照配置的数据解析方式，将基础数据同具体的订单进行匹配，生成生产订单及该订单对应的选装清单，最终形成生产所需要的生产数据。

生产部门在生产过程中对生产订单数据进行维护和管理。按照工艺流程，生产订单会按顺序产生不同的过点记录,作为该订单的生产记录,并按照设定的过点程序和选装信息同步拉动生成物料清单,通过特定的数据接口发给物料供应商。

当订单生产完成进行报交时,由报交点根据订单信息、企标信息和报交时间生成并打印合格证、保养单、车辆装备单,随车发给经销商。同时将完成后的订单数据发往发车系统进行车辆注册,并由归档系统进行订单归档。

3. 生产计划管理

MES 的计划管理模块主要负责接收 ERP 系统生成的生产投入计划,由计划部门根据顺序计划和生产实际完成情况,对接收的顺序计划重新赋予生产时间,形成车间生产计划。车间生产计划分为年度产量计划和周次产量计划。以整车订单为最小单位,实现年度内各车间、各车型每周次的生产计划管理,以及按各车间、各班次、各现场点进行每日生产计划管理。

该生产计划主要在 MES 车间排程模块进行维护,并通过 MES 将计划下达到各生产车间。生产车间根据此计划组织生产,并打印相关的生产指示卡。此外,MES 将生产实时状态实时反馈 ERP 订单系统,实现 MES 与 ERP 的系统集成。

根据每天的生产实际情况和限制条件,可以通过 MES 的车间生产计划模块调整每一班次的产量要求。MES 的生产计划功能主要包括工作时间设定、制造产能管理等,其业务功能设计见表 2-1 所示。

表 2-1 作业计划业务功能

业务功能	工作时间设定	制造产能管理
系统功能	工作日设置	生产节拍设置
	生产模式设置	生产计划评估
	工作时间调整	制造能力缺口处理

其中,工作时间设定功能允许用户设置已排产订单的生产计划。用户可系统设置工作时间,如正常及加班时间,并可以在生产过程中根据生产状态调整

工作时间。设置的工作信息可通过接口发送至生产设备，用于控制生产设备的启动和停止，如生产线在生产时间自动启动运行，在生产休息间歇和下班后自动停止运行。同时，生产时间可用于控制设备产量计数的开始与清零。当工作时间开始时，设备根据下发的信息开始对设备产量清零，并开始累计当前时间的产量信息。生产时间设置同时也是 MRP 计算物料送货时间的依据，用于确保物料的需求时间在工厂的生产时间范围内。

生产节拍是指生产线设定的生产速度。通过产量数据的采集，根据生产节拍的设定，可以确定特定时间范围内的实际生产状况与生产节拍设置下目标产量的差异。通过对不同生产线、设备的产量数据进行对比分析，发现生产的瓶颈点，并加以优化。

4. 作业指示

汽车 MES 的作业指示原理如图 2-17 所示。

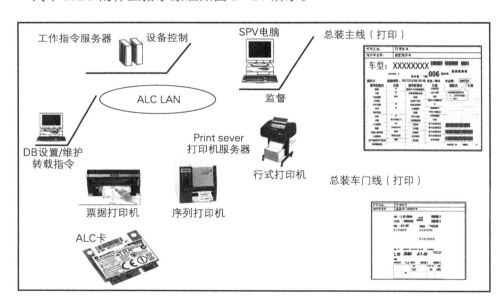

图 2-17　汽车 MES 作业指示原理

（1）接收生产顺序计划

作业指示主要是获取生产相关的顺序和信息，如生产参数代码（如配置参数、时间、顺序号等）、生产订单号码、车型代码（VIN）、销售发运参数等。

（2）发布生产指示

生产指示发布途径包括工位电子看板、车身上线指示、发布生产控制卡（MES Card）、发布厂内广播单（作业指示单）与厂外广播单、作业指示单打印等方式，具体如图 2-18 所示。

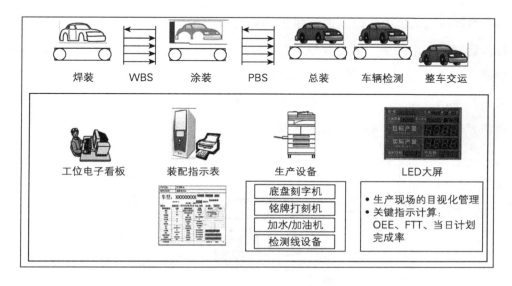

图 2-18　汽车 MES 作业指示类型

各车间根据车身上线指示安排车身上线，车辆状态数据根据各数据采集点扫描 MES Card 上的条形码来获取。总装生产线上一般包括约 20 多种作业指示单。作业指示单的内容由 MES 自动根据车型、配置和检验状态确定，并通过生产线边的打印机顺序连号打印输出。厂内广播单主要是发布给厂内的生产主线或分线，用于指导工人现场作业和检验人员进行相应的品质检验。发动机、轮胎、风窗玻璃、保险杠以及座椅等工厂或仓库一般要求设在整车厂的周边，以保证零部件的及时供应。厂外广播单主要发布给按顺序交付的供应商和发动机工厂。MES 会将该生产顺序的广播信息通过专用网络向零部件供应商发布，立即通过供应商所指定的打印机打印输出，供应商根据得到的广播单，排列好相对应的零件顺序，送到整车厂总装生产线边。

5. 数据采集

数据采集的信息包括车辆在焊装、涂装和总装等生产线的上线与下线信息；车辆在各车间可能出现的因质量问题或者其他原因要求被拉出生产队列和经过处理后重新加入队列的信息；车辆组装的关键零部件信息；车辆在检测线和工艺停车场的各种状态信息；生产线上自动设备的过程反馈信息等。

车辆信息采集的工作原理如图 2-19 所示。在车辆生产过程中，当生产线托盘运行到指定的生产现场数据采集点时，MES 根据一定的业务规则，采用传感器、RFID、激光扫描等技术，由底层 PLC 设备自动触发或现场人工手动触发进行生产数据的采集。采集得到的数据通过各类工业级通信协议，传输到上位机系统进行存储、处理、分析等操作。

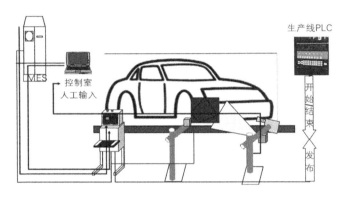

a. RFID 数据采集方式

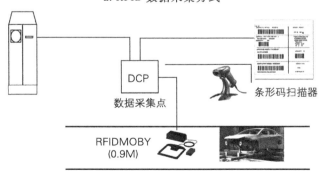

b. 条码数据采集方式

图 2-19 MES 系统车身信息采集原理

(1) RFID 自动扫描技术

RFID 方式主要用于车辆顺序的信息采集与数据校验,数据正确则触发后续操作流程,其工作原理如图 2-20 所示。

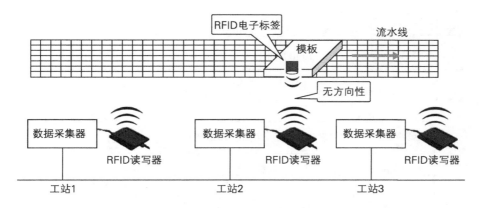

图 2-20 RFID 工作原理

RFID 技术目前已较为成熟。在整车厂的车辆识别与监控应用中,RFID 通常安装在流水线托盘、台车、滑橇或吊具上。RFID 芯片中存储车辆的相关信息,在线头或焊装的开始将车身信息(包括外色、内饰、动力总成、装配可选包装等所有信息)写入 RFID 芯片。当托盘、吊具抵达数据采集点时,PLC 设备触发射频感应设备进行数据读写操作,通过 OPC 通信协议与应用服务器进行通信,以校验车辆是否符合计划与工艺要求。如数据正确,则触发 PLC 设备放车,反之触发相应的异常处理机制。

汽车生产 RFID 的主要数据采集点位如图 2-21 所示。

(2) 车身条码扫描

车身条码扫描是最常用的一项技术。在车身指定位置固定一张易于识别的条码,即车身上的产品识别代号的条形码。当车身抵达数据采集点,由 PLC 设备触发条码自动扫描枪扫描条码或手动扫描流程卡上的条码,进行数据采集。

条码扫描方式可应用于各个车间的上下线点、发动机挂链、发动机合车、整车出厂等 DCP 点,配合 PLC 获取的车身移动信息,可以精确计算线上流动的车序，并用于车辆生产实绩的采集和过程不良记录。

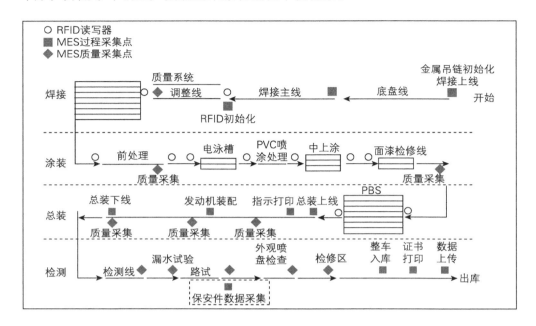

图 2-21 汽车制造 RFID 数据采集点位图

（3）滑轨条码

滑轨条码定位是指在吊具的滑轨上，贴有用于标识位置的二维码，在吊具与滑轨的接触位置设有二维码的读取装置。当吊具在滑轨上滑动时，系统可以通过二维码读取装置读取带有位置信息的二维码，采集到该吊具位置。滑轨条码定位的优点是定位精准，但成本较高，适用于动力总成分装线等 RFID 难以应用的场合。

6. 车辆跟踪

在汽车混流生产中，车辆动态队列是物料拉动和订单跟踪的基础，车辆跟踪尤为重要。车辆跟踪的工作原理如图 2-22 所示。一般情况下，车辆在焊装车间就开始跟踪，通过 WBS 和涂装车间，经过 PBS 重新排序，直至总装车间下线检验结束后，进入成品库。车辆跟踪方式主要以条形码和 RFID 标签为主。车辆的 VIN 码是车辆的唯一标识。

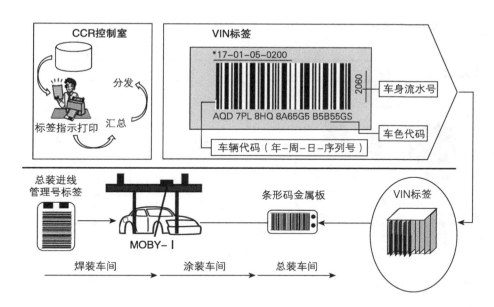

图 2-22 车辆跟踪的工作原理

MES 根据具体业务规则设定车辆跟踪流程，规划车间现场的跟踪点位，在生产过程中全程跟踪并监控每一辆车的生产过程。现场点包括生产线的工位、设备等。当车辆到达规定的现场数据采集点时，数据采集模块会自动扫描或手动扫描车身上的产品识别代号，系统获取车辆在流水线上的过点消息，或由现场点作业人员人工记录车辆过点消息。如果车辆识别代号不能被确认，MES 将锁住传送系统来阻止车辆的继续前进并发出警告信号。此时车身识别代号可通过人工手动输入，人工输入可在数据捕捉点通过键盘完成。

车辆跟踪系统的架构如图 2-23 所示。在对车辆过点信息进行捕捉后，通过 MES 网络传输至后台 Web 服务器，触发后台的业务流程处理。车辆跟踪可以实现车体跟踪和车体路由功能，并提供产区内车辆显示功能。通过汇总的条码信息和预先设定的各区域，实时显示焊装、涂装和总装车间等区域的在制车辆信息，以及下线后的各检修和检查区域的车辆信息等。

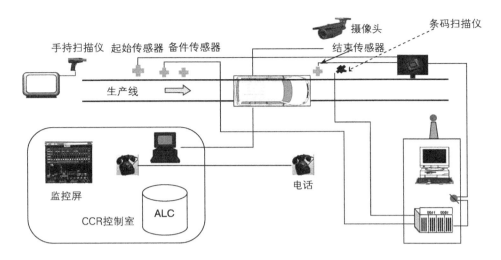

图 2-23 车辆跟踪系统架构图

车辆跟踪系统的业务功能设计见表 2-2。

表 2-2 车辆信息业务功能表

业务功能	车辆跟踪	在制品监控	车辆控制	生产状态监控
系统功能	车辆工艺路径设置	在制品上线记录	车辆 Hold	产量/计划量监控
	车辆位置信息显示	在制品下线记录	车辆 SET-OUT	工段运行状态监控
	车辆查询	在制品数量查询	车辆 SET-IN	缓冲区车辆信息监控
	超时车辆报警		SET-OUT 车辆查询	空滑橇/吊架状态监控

(1) 数据采集

通过车辆信息显示,提供数据给设备控制部分。

(2) 作业指示

按照工艺流程顺序,通过当前过点车辆生成订单过点记录,并显示产量信息,提示现场作业人员、车间管理人员当前班次的实时产量,正确安排生产节奏。

(3) 现场数据处理

按照工艺流程在指定的现场点生成车辆数据(车身号、VIN 码等)。现场作业人员对车辆的车身号、发动机号、变速器号、安全气囊号和钥匙号等信息进行确认,通过 MES 建立与车辆 VIN 码的对应关系。

(4) 现场表单打印

根据 MES 业务流程,车辆跟踪数据驱动 MES 进行各类标签、油漆表单、前后保装备单、合格证、保养单、车辆装备单等表单打印。

例如,在总装入口点扫描订单标识码进行车身识别,采集订单唯一号后,传输数据给 MES 相关模块,直接触发 MES 在车间现场打印车辆装配清单和 VIN 条码。同时,系统直接发布订单信息给各个分装线,各分装线打印装配单,进行分装生产。

(5) 异常处理与报警

对车辆产品异常、数据异常和生产状态异常情况进行现场报警和异常处理记录,为汽车售后提供可追溯的服务信息。

7. 设备连接

现场设备联机的工作原理如图 2-24 所示。MES 通过分布在工厂各生产线上的局域网和以太网转换器,与焊装、涂装、总装生产线及检测线上各类型的自动设备进行物理连接,如焊接机器人、涂装机器人、PBS 车辆顺序调度控制器、T/C/F 总装设备、总装扭矩设备、车辆铭牌制作设备、VIN 条码打刻机、零件电子灯选设备以及检测设备等。联机的设备与系统之间基于指定的协议和流程进行通信。MES 会根据当前的生产顺序发出作业指令和传输相应的数据到底层自动化设备,并从自动化设备接收反馈数据等。

例如,对于扭矩控制,MES 从扭矩控制器采集每辆车装配时的实际扭矩值;根据每种车型的扭矩参数范围,系统发出相应报告。当发生数据偏离合格范围时,系统及时发出报警信息。一方面指示相应的工程师到现场进行扭矩设

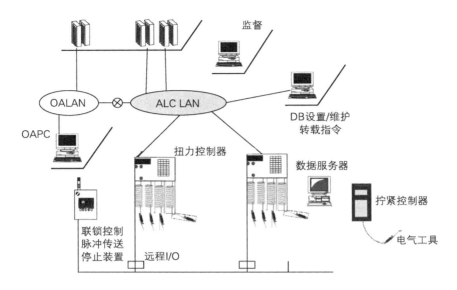

图 2-24 现场设备联机原理图

备维护，如校对设备参数、更换零件等；另一方面跟踪存在数据偏离的车辆，进行对应处理等。

8. 质量管理

质量管理是企业为了保证和提高产品和服务质量而开展的各项管理活动。整车质量（缺陷）管理是在生产过程中按照工艺流程进行质量检测和控制管理，采集并分析质量缺陷数据。整车质量管理的主要项目检查内容如图 2-25 所示。

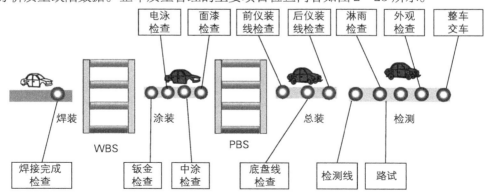

图 2-25 整车质量检查项目

整车质量管理的方式主要是通过在流水线上设立报交点，根据工艺要求由质保人员进行车辆检测和报交，按照检测项进行检测，输入检测结果、缺陷数据，生成检测信息单，并根据缺陷生成问题单进行缺陷的后续整改处理。所生成的问题单将由其他相关部门共同进行质量分析，将所发现的缺陷同具体零件和供应商对应起来，并制订纠错计划。在整改措施落实后，将缺陷问题归入知识库并关闭问题单。

MES 系统的整车质量管理功能主要包含质量控制、成品车检验、质量追溯、物料防呆等功能。

（1）质量控制

MES 的质量控制功能设计见表 2-3 所示，主要包括在线车辆的质量信息记录和报警、生产过程质量控制、车辆流程卡管理、测试监控等功能。

表 2-3　质量控制业务功能

业务功能	生产过程控制	车辆流程卡管理	质量数据录入
系统功能	输送链停机	流程卡批量扫描	测试缺陷定义
	维修呼叫	流程卡信息定期归档	测试系统数据接口
	帮助请求		在线质量缺陷录入
	质量呼叫		
	例行检查		
	QCOS		

根据质量管理的"不接收、不制造、不传递"的三不原则，MES 的质量控制方式一般采用质量安灯系统。质量安灯系统是通过在生产工位旁安装质量呼叫拉环，同时在车间各工段安装质量电子看板，实时反馈生产线质量运行状态，并通过声音报警的形式拉动质量相关人员处理质量问题。在生产过程中一旦发现质量问题，质量安灯系统可对流水线传输系统进行控制，等待质量响应。当车辆将要越过该工位时，停止流水线的输送，直到质量问题解决，复位质量拉环后，流水线重新开始运作。

例如，车身焊装的质量主要取决于焊点的数量、位置和质量，保证这些的关键是夹具的精准度和焊接机器人的精度，需要通过设备进行实时测量。MES一般采用机器人→PLC→工控机的数据传递策略，实时收集机器人关于焊点的各类数据信息，在工控机上与标准数据进行比对，并基于SPC质量分析模块实时监控各个工位的焊点质量，实现对整个生产过程的质量监控。

又如，在整车组装过程中，QCOS是用于关键过程控制的质量工具。车辆的螺栓扭矩控制是组装质量的关键。QCOS通过质量安灯系统，采集螺栓拧紧枪的紧固扭矩数据，对比拧紧扭矩是否符合工艺定义扭矩值。当不符合要求时，通过质量电子看板显示与声音报警，通知质量响应，控制机运线在越过工位前停止机运输送，达到质量控制的目的。

再如，对于总装车间的四轮定位、大灯检测、转鼓检测等质量检测内容，通过对检测设备的测试数据自动采集以及在人工线的质量缺陷录入功能，为后续的统计质量分析提供数据。

（2）成品车检验

成品车检验主要完成下线车辆的质量保证信息登录以及车辆抽检要求的结果跟踪，具体业务功能见表2-4。主要包括整车抽样测试、合格证/报交单打印管理、成品发运过程检测、特殊车辆提示等。

表2-4 成品车检验业务功能

业务功能	整车抽样测试	合格证报交单打印管理	成品车发运过程检测	特殊车辆提示
系统功能	抽样计划制订	车型信息下载	车辆发运信息发布	特殊车辆VIN报警
	整车质检要求缺陷定义	遗失补打	成品质检跟踪	
	整车抽样质量录入与跟踪	打印合格证	问题车辆返厂维修	
	抽样检测趋势分析	车辆合格证数据集中上传	遗漏车辆警报	
	质量缺陷校验	合格证下载		
		遗漏车辆清单		

整车抽检业务流程如图 2-26 所示。依据维护的缺陷清单，对已下线车辆作质量跟踪，并通过整车 Audit 评价，对车辆的感知质量、外形质量、功能质量等进行评价打分。

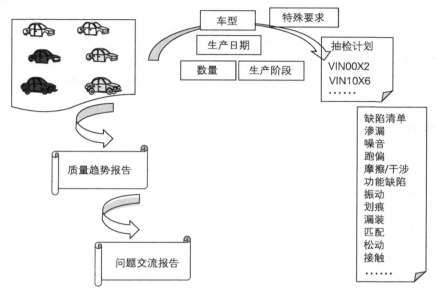

图 2-26　整车质量抽检流程图

（3）质量追溯

整车质量追溯的工作原理如图 2-27 所示。整车质量追溯体系制订追溯流程和追溯零部件的定义，在生产过程中扫描车辆 VIN 码信息和零部件批次信息，将零部件与车辆绑定，用于后续的质量追溯跟踪。

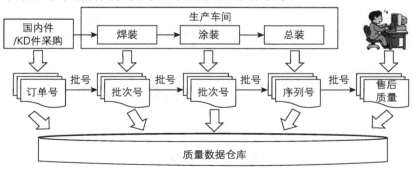

图 2-27　整车质量追溯原理图

质量追溯要求实现对追溯件的精确跟踪记录、漏扫报警以及回溯查询，业务功能设计见表2-5。

表2-5 质量追溯业务功能

业务功能	物流批次控制	关键件追溯管理
系统功能	零件供应批次定义	关键件追溯范围定义
	库存批次管理	追溯件质检记录管理
	零件上线批次跟踪	关键件追溯标签扫描
	批次条码扫描	组件供货追溯
		关键件追溯替换管理

（4）物料防呆

物料防呆系统根据工作方式的差异，一般分为条码扫描系统、物料安灯系统、SPS分拣系统等，具体如图2-28所示。上述防呆方式主要通过制订零部件的安装规则和物流规则，实现零部件线边供应和组装自动匹配，避免错装、漏装，并且记录零部件信息，方便质量追溯。

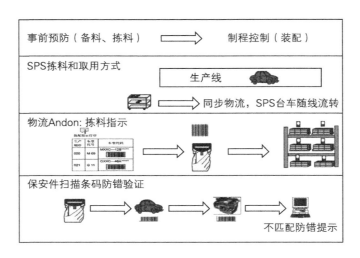

图2-28 物料防呆模式

9. JIT 物料管理

在整车制造过程中,从钢板到成品车的最终下线,涉及物料种类、数量繁多,生产各阶段的在制品也较为复杂。整车制造的物料管理一般包括厂外与厂内物料供应方式、库存管理、料箱/料架管理、运输管理、供应商管理,以确保生产物料满足整车制造的要求。

整车生产精益物料拉动模式是根据 JIT 与零库存的生产理念,实现焊装、涂装、分装、总装不同生产流转过程中的在制品库存协同与零库存趋向。同时,根据各生产线零件消耗情况与线边零件的库存情况,指示零件配送人员进行精益备件和配送,实现零部件物流配送的 JIT 同步拉动。MES 的物料控制功能包括同步物流管理、拉动式物流管理、SPS 物流管理和物流配置管理、重要保安件(轮胎、安全气囊、发动机、变速器等)物料管理与追踪等。整车制造中物料 JIT 运作模式如图 2-29 所示。

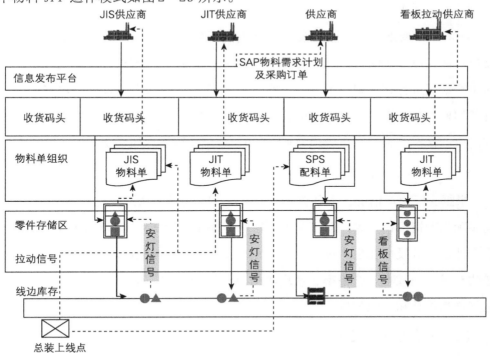

图 2-29 物料 JIT 运作模式

①同步物流管理模块接收整车上线生产实绩，把需要配送的零件指示直接生成零件配送明示卡，由零件供应商下载后直接配送到线边安装。

②拉动式物流管理模块是指系统通过预先设置好的规则，实时收集车间生产实绩，并计算每点零件的库存情况。当零件库存消耗达到设置条件时，系统指示零件备件与配送，并实时监控、展示相关作业的指示与执行信息。

③SPS物流管理模块接收整车上线生产实绩，把车辆派生信息实时发送给现场各个SPS集配区的拣货程序，根据系统事先设置好的车辆派生与零件对应关系，现场人员就可以根据拣货指示准备好零件。

④物流配置管理是指生产管理员要配置物流配送中的相关配送规则，例如拉动式物流需要维护配送规则、备件生效时间、配送生效时间、零件包装数、零件仓库落点、零件线边落点等信息。

10. 生产监控

车间生产管理与监控是为各级管理人员提供准确、实时的车间生产信息，支持管理人员对车间生产过程进行监控，对生产异常/报警进行及时处理，以及对生产数据进行管理和订单查询追溯。在面向订单的生产模式中，对车间生产管理和监控是基于对订单数据的管理和对订单过点状态的跟踪，由此反映各车间的生产情况。根据业务管理需要，MES系统需要实现如下功能。

（1）生产数据管理

根据实际生产情况，车间管理人员可以对订单数据进行维护，使订单数据同实际生产情况相一致；对订单进行特殊车/跟踪车标识，随时掌握该类车辆的生产动态，并及时在生产过程中进行跟踪处理；进度看板显示从MES服务器推送的产量、完成率、合格率、换班等信息；按照班次、车间、车型、现场点等进行产量统计和产能分析。

（2）订单查询与追溯

根据车型、时间段、现场点和订单过点数据记录（订单号、VIN码、底盘号、发动机号、车身号、选装件等），对订单生产数据进行查询和追溯，如图 2-30 所示。

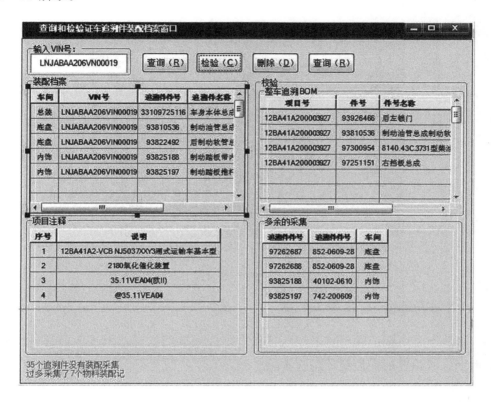

图 2-30　订单查询与追溯示意图

（3）生产过程监控

生产过程监控主要用于实时掌握各车间生产状况，如当前车间产量、各现场点过点产量、各缓存段周转量、各班次产量、全天累计产量、各车间进出流量等数据。同时监控生产中的各种异常，特别是当设备出现异常时，对现场点生产异常进行及时处理。

例如，在冲压车间的产能主要由冲压机的工作能力决定，且冲压机和模具的成本高，采用监视设备可以尽早发现问题和及时处理。而在涂装车间的防爆区域，设备状态只能采用远程监控的方式。总装车间工艺复杂、作业范围广，采用如图2-31所示的生产过程实时监控方式可以帮助管理人员及时发现问题区域。

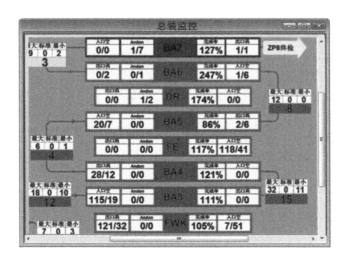

图2-31 总装车间的生产过程实时监控示意图

（4）班组管理

根据生产计划，由车间主管人员进行具体班次的设定，安排班次实际的起止时间，并以此时间段统计班次实际产量。

11．系统集成

MES集成架构如图2-32所示。MES一方面与企业上层的ERP系统、供应链系统、质量检测系统、汽车合格证打印系统、整车发运系统和生产报告系统等进行应用系统集成，另一方面，向下实现生产线设备自动化连接与系统集成，与焊接、涂装生产线的工业机器人、PBS控制设备、总装生产线扭矩控制器、激光打刻机、加注机、传送带控制器和物料操控区的灯选控制服务器等各种设备实现连接通信与控制。

（1）MES与ERP系统集成

MES与ERP系统的信息交互直接决定企业生产计划能否被生产部门正确、及时执行。MES需要从整车厂ERP系统取得已被固化并排产的一周的日

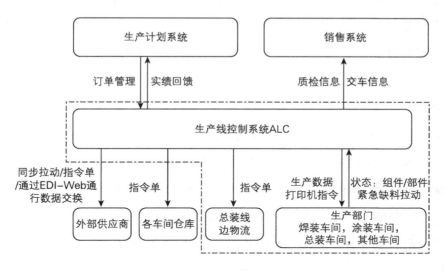

图 2-32　MES 集成架构

生产计划数据和生产直接相关的工艺数据，如车辆总装指令、车辆检验指令等。同时按要求将整车生产结果、发动机装配结果等数据回传 ERP 系统。需要说明的是，ERP 系统的生产计划与 MES 的生产结果并不要求实时的数据传输，系统的数据交互频次可以每天一次或多次。

（2）MES 与汽车合格证系统集成

汽车合格证系统主要完成打印每一辆车的汽车合格证并长期保存合格证相关数据。MES 与汽车合格证系统的系统交互要求实时，即车辆到达总装车间最终检查合格点时，MES 立即将车辆的生产日期、车型、VIN 码、发动机号等关键数据传输到汽车合格证系统。

（3）MES 与整车配置与测试系统的集成

整车配置与测试系统主要完成向汽车的行车电脑和发动机控制器输入相应的配置与控制数据，并测试是否符合要求。总装生产线上有整车配置与测试系统的车辆配置数据输入点，当车辆经过此点时，车辆的行车电脑接收相应配置数据的输入。在检测生产线上有整车配置与测试系统的检测点，当车辆经过此点时，对所配置数据进行测试，整车配置与测试系统立即将测试结果数据传输至 MES，如 VIN 码、合格信息等。因此，系统信息交互的时间要求是实时性的，车辆每经过整车配置与测试系统的配置点时就要求传输数据。

（4）MES 与整车发运系统集成

整车发运系统需要从 MES 得到车辆总装下线时间、质量检测合格时间、VIN 码、车型等信息，完成销售部门可分配的车辆资源报表，再根据销售部门反馈的分车计划，完成整车到各地经销商的发运工作。系统信息交换的时间要求是非实时性的，可以每天一次或者多次。

（5）MES 与生产线自动化设备的通信信息交换

MES 需要与生产线自动化设备实现双向通信。生产线自动化设备的技术规格差异较大。如果采用不同的通信协议，会大幅增加系统集成开发和运行维护的难度，因此通常采用统一的标准通信协议，建立规范的系统数据交换机制，实现 MES 发送数据到设备，并接收设备反馈的数据。

综上所述，MES 具有很强的生产计划管理、订单执行管理、生产过程监视与控制、物料拉动等方面的处理能力，可满足汽车大批量柔性生产的要求。

2.4 MES 在 TPS 中的应用

2.4.1 丰田 ALC 系统

由于理解上的不全面，TPS 经常被人误认为离信息技术非常遥远。但实际上在生产计划、均衡排产与看板拉动等导入过程中，日本丰田汽车公司很早就已借助计算机信息系统。在丰田公司的计算机集成制造系统中，计算机辅助计划系统负责进行生产计划的制订；而计算机辅助制造系统负责实现向制造、加工、装配的自动设备与生产线下达指令。

丰田将其计算机辅助制造系统称为总装生产控制系统（Assembly Line Control，ALC）。ALC系统是丰田经过长期的发展与实践而形成的，基于看板拉动生产模式的一种计算机辅助生产管控系统，体现了TPS的特征。丰田ALC系统主要包括生产顺序调整、生产实绩管理、生产指示等功能，其系统工作原理如图2-33所示。

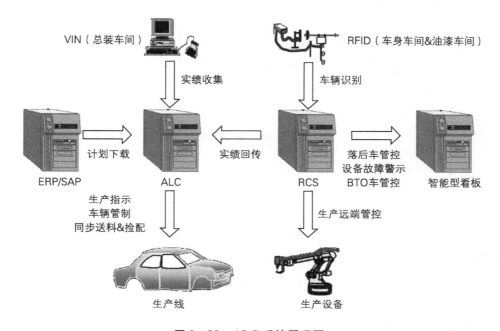

图2-33　ALC系统原理图

ALC系统采用的是自律分散型网络控制结构。位于中央控制室CCR的ALC系统对整个工厂进行车间级的集中管理，协调控制焊装、涂装与总装多个生产控制子系统。而各车间的生产控制子系统则负责控制各车间工序级的设备控制群。在丰田的焊装车间、涂装车间、涂装PBS存储线和装配检验工序，全部由各工序的生产线计算机控制各工序内的终端自动化设备群，如制卡机、读卡机、打印机、指示灯牌、机械手、机器人等。因此，ALC系统具有较高的可扩展性与系统柔性，ALC系统的网络结构如图2-34所示。

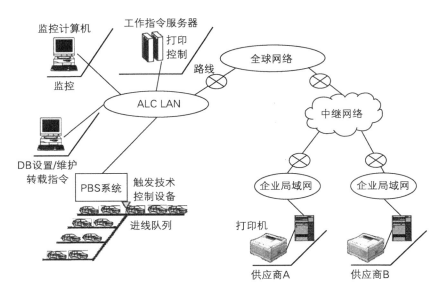

图 2-34 ALC 系统网络结构

焊装、涂装和总装等车间级 ALC 系统一般以日为单位，接收 CCR 发布的汽车装配顺序计划和汽车规格文件。各车间 ALC 系统以日为单位，同步向车间内部工序生产控制单元传送生产计划数据。各工序的生产控制单元接收到生产数据后，根据车间生产进度，内部自动对工序进行控制。ALC 系统同步实时接收各工序的生产实绩。ALC 系统的控制范围如图 2-35 所示。

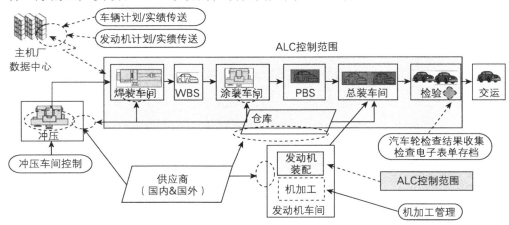

图 2-35 ALC 系统生产控制范围

在整车厂生产过程中，在被组装车辆或其运输台车上包含车辆的唯一性 ID 标签。当车辆经过车身扫描点时，ALC 系统根据 ID 标签进行生产进度的报告与生产指示的下达，并同步进行生产与物流的拉动，实现整车厂各车间、各分装线的同步流水线生产，以及厂内物流与厂外物流的 JIT 作业。因此，车身信息成为整车生产的拉动看板，工厂、生产线、工序间形成在需要的时间提供需要的信息的体系，这是丰田 ALC 系统的一个主要特征。

2.4.2 丰田 ALC 系统的组成

ALC 系统与其他汽车 MES 相比，在其系统功能上普遍都具有生产计划管理、订单执行管理、车辆状态跟踪、作业指示和数据采集等关键应用能力，都能在不同程度上支持汽车大批量的柔性混线生产。丰田 ALC 系统由 7 个子系统组成。

（1）MRP 子系统

在 TPS 体系中，丰田一般会将 3 个月的整车生产计划提供给相关零部件供应商。MRP 子系统根据这一信息和 BOM 计算出各工序所必需的原材料和零部件数量，系统输出零部件日需要量、容器/盛具数、零部件供应商的订货计划等。

（2）看板基准计划子系统

看板基准计划子系统主要以每天均衡化（日平均）的生产量为基础，确定以下数据：

①生产一个批量所需要的各种看板枚数。

②与上月相比增加或减少的各种看板枚数。

③表示作业开始时点对应订货点的三角看板位置。

④批量规模。

上述数据以内部制造用看板基准表、外协工厂用看板基准表和材料看板基准表的形式输出。由于每天的平均生产量基本上每月变化一次，所以这些数据每月必须重新计算。

(3) 车间计划管理子系统

根据月度生产计划，首先确定用于工序负荷计划的参数，如工序节拍、标准工时、切换/换模时间、切换/换模次数等。在此基础上，确定人员计划、设备布置、加班计划等有关生产准备的一系列数据。ALC 系统通过上层的计划指令，接收按照车辆订单号编排的车辆生产顺序号，进行生产任务的发布。

ALC 排产管理支持多个车型在从焊接开始，经过涂装，再到总装进行全生产线的混线生产，也可以满足由不同焊接线，共用涂装与总装部分生产线的方式进行混线生产。在丰田的混流装配线上，一般采用探索式顺序计划法制订最终装配线的车种投入顺序计划，并通过 ALC 系统发布至装配线各个工位。此外，为了解决涂装后产生的顺序变化（有的车要涂双色调或多色调，有的车需要返回原处返工喷涂），通过 PBS 系统控制来实现装配车间的均衡化与准时制生产，采用专家系统对装配线的车辆投入进行调度。

(4) 生产指示子系统

ALC 系统需要与生产线上各种类型的设备进行设备连接。在此基础上，生产指示子系统与 ERP 系统、供应商送件系统、质量检测系统、汽车合格证打印系统、整车发运系统和生产报告系统等进行系统集成，提供接收生产计划、作业指示、设备连接、零件灯选、重要保安件追踪、扭矩控制、生产结果收集、跟踪控制等系统功能。通过内物流指示整车厂内的物流操作，通过外物流指示确定零部件供应商的物流发送时间和发送路线。

(5) 部品采购与传票子系统

部品订购量是基于准时制原则，根据生产线的进度，同时考虑零部件的物流周期来确定。物流时间决定生产计划和订单变更的范围。部品采购子系统根据整车厂的厂内物流数据、厂外物流数据及 ALC 数据，通过运算确定零部件订购量与供货时间。

传票（OCR 卡）主要用于丰田与外协供货厂商之间的财务支付和收款结算。OCR 卡包括交货传票、支付传票、收货传票和销售传票四种。目前，丰田与内部零部件工厂和外协供货厂商通过信息联网，采用电子看板代替原来由货车驾驶人携带的外协订货看板。

（6）生产实绩子系统

生产实绩子系统主要完成采集各车间、工序的生产实绩数据，如产量、生产时间、作业切换时间、设备停机时间、冲压机冲压次数等。在此基础上，汇总形成月度生产报表。对生产实绩数据与月计划值进行差异进行分析，分析计划达成率、设备稼动率等车间生产管理指标，作为后续生产改善的起点。

综上所述，丰田已经将计算机信息技术、计算机集成制造技术与 TPS 进行了有效融合。ALC 系统是基于丰田的业务流程与需求，经过长期的发展与实践而形成的生产线控制管理解决方案。ALC 系统首先实现与生产线设备与相关系统的自动化连接，实现从供应链、制造链、销售链的端到端集成。此外，看板系统与计划系统等体现 TPS 的拉动特征，有助于实现汽车混线生产的顺序控制管理，满足多车型大批量柔性化生产。

2.5 MES 在国内整车厂的应用

汽车制造行业因其集成性、统一性、完整性、重复制造性、全面质量管理、准时生产等特征，国内大型汽车企业基本上已经实施 SAP、Oracle 等 ERP 系统，但企业内部的 ERP、MES、SCM、WMS 等异构系统未能有效整合，存在数据管理不统一、成本核算不准确、信息资源不协调等问题。汽车 MES 的主要功能模块一般包括物料管理、质量管理、AVI 车体跟踪、PMC 生产监控、生产计划排产、Andon、生产防错等。针对不同企业业务需求，开展定性化的 MES 实施成为各汽车制造企业管理的重中之重。

（1）一汽大众

一汽成都大众 MES 的主体是以大众公司导入为主，主要包括生产管理、SPS 物流、质量管理等模块，报表模块以自主开发为主。

（2）广汽菲亚特

广汽菲亚特的生产设备和物流系统的自动化程度高，其 MES 主要以德国系统导入为主，主要包括 UTE 现场执行系统、质量门、零件追溯、拉动式物流、Broader 设备健康等功能。

（3）广汽乘用车

广汽乘用车使用了罗克韦尔的 MES 方案，范围覆盖了冲压、焊装、涂装、总装四大工艺车间，包括部分发动机车间以及生产线关联的设备。厂内物流实现了 SPS、JIT、Andon 等物流模式，总装一部分零件实现了外物流同步。质量方面实现了零件/整车的质量管理，以及安全件追溯、相应统计报表生成等。AVI/Andon 系统实现了工厂生产信息可视化、设备监控和物料拉动管理等。

（4）东风乘用车

东风乘用车 MES 由执行管理和自动化管理两大部分组成。执行管理功能模块包括生产管理、物料管理、质量管理等模块，与 ERP 等外部系统实现数据交互。自动化管理功能模块包括车辆跟踪、设备控制、车间路由管理等模块，通过 RFID 技术进行车辆数据收集，并且把相关伺服信号推送至车间底层的 PLC 设备。

此外，广汽丰田、东风日产、东风本田、长安马自达等日系合资车厂，这些厂家的 MES 一般称之为 ALC 系统。其共同特点是与 DCS 接口采用标准的 OPC 协议，其他功能大部分都是根据生产车间的管理方式进行定制或二次开发。

第 3 章　汽车生产与物流计划

3.1 整车厂生产计划体系

汽车市场具有需求波动大的特点，汽车生产难以做到精准的市场预测。为了快速响应市场需求，降低生产管理难度，同时避免出现库存积压或供不应求的情况，汽车生产一般采用混合生产方式。整车厂的焊装车间、喷涂车间和总装车间采用准时化生产方式进行。即生产线混流作业，依据一定的生产线节拍，同步物流送料的方式来生产。而冲压车间、发动机车间、树脂车间等采用批量生产方式，批量生产各种规格的零部件。因此，大批量生产和多品种小批量两种生产模式构成了汽车企业的主要生产方式。汽车企业的生产计划管理体系必须能够同时支持大批量生产与多品种小批量两种生产模式，确保两种生产计划协调一致。

（1）批量生产计划

对于冲压件等零部件，需要根据销售订单或销售计划编制最终的生产净需求计划，即主生产计划。再根据产品净需求、产品结构、库存/采购订单编制各级零件的生产计划和外购件的采购计划，即物料需求计划。生产计划下达给冲压车间组织生产，或者通过采购计划下达给供应商组织生产。

（2）混流生产计划

首先，根据销售计划或销售订单编制总装线的日生产计划，再根据总装的日计划倒排编制涂装/焊装的日生产计划。其次，根据总装/涂装/焊装的日生产计划和产品结构编制各生产线的领送料计划，各仓库和供应商根据领送料计划编制相应的零部件生产计划。

3.1.1 整车厂多层级计划体系

生产计划是企业经营计划的重要组成部分，是企业对生产任务做出的统筹安排，是企业组织生产运作活动的依据。编制生产计划是生产与运作管理的基本任务，其最主要的目标就是达到生产的能力平衡，它是根据市场的需求和企业的技术，设备、人力、物资、动力等资源能力条件，合理地安排计划期内应当生产的产品、产量和生产进度，以满足市场需求和订单交付。

从系统的观点来看，生产计划是一个系统。根据时限，生产计划分为长期计划、中期计划和短期计划三种类型，而根据组织结构的对应关系，生产计划又可分为战略层，战术层和执行层三个层次，每一层次都有特定的计划内容，三层计划的组成及其关系如图3-1所示。

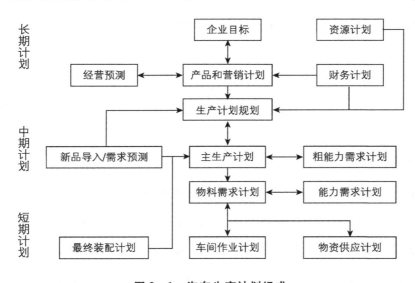

图3-1 汽车生产计划组成

因此，汽车行业的计划管理是多层次、成体系的，如表3-1所示。这种体系是由粗到细，从长周期的规划到短周期的执行。这种组织方式本质上是为了保证供应链的稳定。

表3-1 汽车生产计划层次体系

层级	计划类型	计划内容
战略层	长期计划 （3~5/10年）	长期新产品新技术计划 长期产能规划 长期销售计划
战术层	中期计划 （1~2年）	年度新产品导入计划 年度产能规划 年度销售计划 年度生产计划
执行层	短期计划 （季/月/日）	季度销售、生产计划 季度交货拉动计划 月/周/日执行计划

（1）长期计划

汽车业由于投资额大、资本密集，需要做长期发展计划。长期计划是企业战略计划的重要组成部分，由企业最高决策层针对涉及企业经营发展战略的生产、技术、财务等方面重大问题进行制订、选择与评价。

长期计划的计划内容主要包括产品与市场发展计划、资源发展计划及生产战略计划和财务计划等计划，长期计划一般分为3/5/10年的长期计划。长期计划还包括新产品项目规划和长期产能规划。新产品项目规划主要是根据新产品导入计划，提供与新产品生产相关的生产线规划和新产品产能的生产节拍等工艺参数信息，以确保有能力满足产销需求。长期产能规划主要是针对销售部门提出的扩能需求，进行设备能力或工厂班次安排的扩能规划。

长期计划的特点是整体性、未来性、方向性与动态性。长期计划中有关企业的战略方案类型、战略目标、产品规划、战略性资源的供给与分配等决策，其结果对实际生产计划、生产执行和生产控制影响重大。

（2）中期计划

中期生产计划又称为年度生产计划，是企业管理部门制订的计划。它是根据企业经营目标、利润计划、销售计划的要求，确定在现有条件下计划年度内要求实现的生产目标，如品种、产量、质量、产值、利润、交货期等。中期计划的时间期一般为1年，或更长一些时间。中期计划主要包括生产计划大纲和主生产计划两种计划。

① 生产计划大纲

生产计划大纲是综合企业的经营规划、期末预计库存目标或期末未完成订单目标以及资源能力的限制，对产品大类或产品编制的生产计划大纲。生产计划大纲确定企业在计划年度内每月各产品类的生产目标和资源需求。生产计划大纲采用一系列指标来规定企业在品种、质量、产量和产值等方面应达到的水平。生产计划大纲的编制依据是产品需求预测，以及长期计划对当年提出的任务要求。

② 主生产计划

主生产计划是根据生产计划规划、预测和客户订单，平衡物料需求和生产能力，安排各生产周期所需提供的产品种类和数量。编制主生产计划的目的是把产品生产大纲中规定的任务在全年中合理搭配，并做好生产进度上的安排，即决定在什么时间生产什么产品以及生产多少，并尽可能实现均衡生产和均衡出产，以保证企业生产能力的充分合理利用和资金有效运转。主生产计划一般每隔半年编制一次，也可以按季或更短的时间周期进行滚动更新。

汽车业中期计划一般为1~2年，一般配合企业的年度需求计划规划，由企业根据销售市场预测数据结合企业资源状况来研究制订，在相对准确的销售市场预测数据基础上，对企业计划年度内的生产任务进行统筹安排。

（3）短期计划

汽车业短期计划主要是企业生产确认后编制的物料采购和车间生产计划。同时短期计划还包括整车厂的短期产能规划，目的是确保企业有能力满足需求的变动。

①根据季度销售预测，监控需求变动的情况，对需求变动超过15%的部分进行评估。

②根据节拍等信息按月进行评估，评估周期大约为3或4个月。

③向供应商发送产能调查表，确保供应商的材料供应。

短期生产计划是年度生产计划具体的执行，是由执行部门编制的作业计划，进行日常生产运作活动的具体安排。短期计划的计划期长度在6个月以下，一般为月或跨月计划。短期生产计划主要包括物料需求计划、能力需求计划、最终装配计划，以及在这些计划实施过程中的车间作业进度计划和控制工作等。

①物料需求计划。物料需求计划是根据主生产计划的最终产品需求数量和交货期，计算出产品零部件及材料的需求数量和需求日期，以及自制零部件的制造订单下达日期和采购件的采购订单发放日期，并进行需求资源和可用能力之间的进一步平衡。编制物料需求计划的目的是把主生产计划细化为自制零部件的生产进度计划和原材料、外购件的采购进度计划。在编制零件的生产进度计划时通常采用无限能力计划法，编制计划时不考虑生产能力的约束，所以在排好零件进度表以后要按进度计划的时间段分工种核算关键生产设备的能力负荷并进行分析，编制细能力需求计划，进行能力与负荷的平衡，发现不平衡时还要在主生产计划模块内调整主生产计划，消除生产能力的冲突。

②车间作业计划。车间作业计划是最基层的计划环节，主要确定在什么时间使用什么设备，加工完成什么零部件，以及加工的批量等。同时，以周的零部件进度计划进一步编制一周内的零件工序进度计划，把生产任务按天落实到生产设备和操作者。车间作业计划的主要功能是帮助车间计划调度人员按照生产计划全面调节和控制车间在制零部件的生产进度。同时，通过车间作业计划，可以及时了解各零件加工状态、设备负荷情况、操作工工作完成情况、零部件质量情况等信息。车间作业计划一般采用有限能力计划法编制，零件的工序、加工进度和相应的设备生产负荷同时确定。

③最终装配计划。最终装配计划是最终产品的短期生产进度计划。最终装配计划使企业不必预测确切的最终产品配置，根据主生产计划预测通用件的需求，并预先进行生产。最后根据特定的用户订单对成品装配制订短期生产计划。最终装配计划是根据已有零部件的装配提前期和客户的合同订单，针对最终装配工序制订的装配车间作业计划。最终装配计划与主生产计划必须协同运行，客户订单的产品装配与可选部件的生产计划需要协调一致。

3.1.2 汽车生产计划的编制逻辑

汽车生产计划制订主要综合考虑销售需求与工厂生产能力、零部件采购与车辆交付等因素。此外，整车厂一般会生产多种车型，通常采用多车型共线混流生产方式。混流生产模式下的生产计划制订除了考虑不同车间生产能力的差异，同时还需考虑不同车型的差异，以及不同车型共线生产时所需要的调整时间与资源约束等情况。因此，整车厂生产计划的制订一般由销售、采购、生产、计划等部门进行协调与平衡。

汽车生产计划体系一般由年度需求计划、月度生产计划、周度生产计划、日生产计划、平准化顺序计划和生产及交货指示等组成，如图3-2所示。

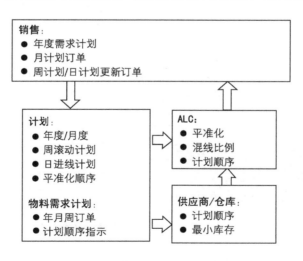

图3-2 汽车产销计划的展开

整车厂的年度需求计划主要是提供各车型的需求数量，为产能能力规划、长周期采购和零部件生产准备提供依据。例如，年度需求计划是采购部门与配套零部件供应商签订采购合同的依据，规定年度生产的车型以及零部件供应商的供货量、供货比例，根据供货量确定年度采购价格。年度需求计划确定后，车型的月度生产数量还将用于零部件供应商的产能规划。

年度需求计划变动的可能性较大，为了缩短交货时间及降低整车库存，汽车行业普遍采用滚动生产计划的方式制订生产计划，以便及时跟踪计划的执行，修正存在的问题。滚动计划基本覆盖整车厂长期、中期和短期的各个时段计划，如年、月、周、日、车辆进线顺序等。整车厂每年根据上年实绩和年度产销预测，编制年度的新产品导入和量产计划，并平准化到月，月计划又平准化到周和日，以日为单位处理数月之后的车辆订单信息。

滚动计划一般是具体的实施计划。国内整车厂的生产管控能力存在差异，进口件采购周期也不同，生产计划设定的滚动周期不同，通常是3个月、4个月或6个月进行滚动展开，根据滚动的月/周计划展开车间生产和零部件订货需求。在图3-3的是年度滚动计划中，第1个月的计划是确定的月度交货计划，

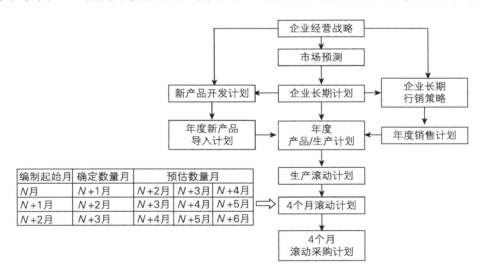

图3-3　年度计划展开流程图

原则上是冻结的，一般不能变动。同时，第1个月的生产计划会精确到每天，由 ERP 系统自动生成每天的生产计划，一旦发布就不能更改。当遇到特殊情况时，允许生产计划微幅调整。每天的生产计划经 ERP 系统自动生成采购订单，供应商根据采购订单进行送货。第2个月计划属于准计划，后2个月生产计划属于交货预测计划。

（1）年度滚动计划

年度滚动计划的主要作用如下：

①是整车厂对其所有供应商的年度内示计划，供应商根据该计划进行年度计划的编制，以便进行产能规划和供应链规划。对于整车厂的供应商而言，该计划不能直接用于生产。

②在实际操作中，计划部门会根据该计划中的车型，细化成各具体的交货总成，作为工厂产能的扩能规划。

③厂内的人力能力规划，主要为生产线开动班次和人员排班提供参考。

④该计划同时可作为新产品的时间和进度参考，提前把握旧车型的结束点，作为旧产品的库存零件切换盘存计划。

⑤作为工厂层面的产品库存的参考，提前掌握某些车型的后续生产情况，以提前规划库存，避免不必要的过量产出。

年度滚动计划的时间域一般为月，时间跨度为一整年，每月更新。以车型作为计划对象，车型可以展开到各个料号。该计划相对来说是较粗的预测，在实际执行过程中存在较大调整。

某整车厂年度计划的示例见表3-2。首先确定工作日及休假日，根据车型编制每个月的生产数量，最终确定生产节拍。

图3-4所示是销售计划及生产、交车计划的展开流程，4个月生产计划主要用于进口件（Knock Down，KD）订购计划和原材料备料及订购计划，2个月为生产执行计划。以1个月的实行计划展开为周滚动交货计划，整车厂一般每周三或周四发布4周的滚动计划，采购部门下达对应的滚动交货计划（即预

表 3-2 整车厂年度生产计划示例

Y2016	Jan	Feb	Mar	Apr	May	Jun	Jul	Aug	Sep	Oct	Nov	Dec	合计
工作日	20	16	23	20	21	21	21	18	21	19	22	21	243
周六	4	2	4	4	3	3	4	3	3	3	4	4	41
周日	4	2	4	3	4	3	4	3	3	3	4	4	41
节假日	元旦 1	春节 10		清明 3	五一 3	端午 3		高温假 7	中秋 3	国庆 7		元旦 2	41
车型	Jan	Feb	Mar	Apr	May	Jun	Jul	Aug	Sep	Oct	Nov	Dec	Total
A	8600	6600	8500	8700	9200	9000	8700	8700	9400	8700	9000	9400	104500
B	4200	3900	6900	7000	6200	5300	6800	6200	7300	7300	7300	7200	75600
Total	12800	10500	15400	15700	15400	14300	15500	14900	16700	16000	16300	16600	180100

订单),零部件供应商收到后开始准备下周的日交货订单及下周的排产计划。同时,对周计划开展微调,向供应商下达日交货指示。对于周边供应商,下达 JIT 供应或顺序化供应(Just in Sequence, JIS)的同步交货指示。

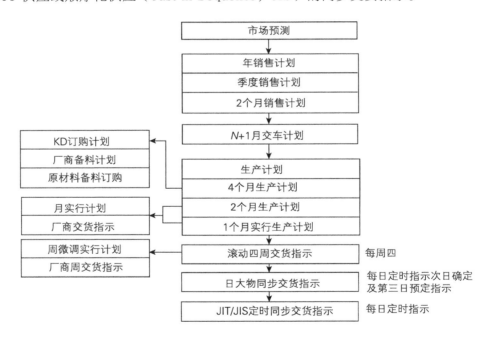

图 3-4 生产计划制订与交货指示下达流程

零部件供应商和物流服务商的生产计划交货流程如图 3-5 所示。生产计划制订与交货指示的展开首先编制 4 个月的生产预定计划，再编制前 2 个月的生产执行计划，将最近 1 个月的计划展开为周滚动计划，作为交货指示和第三方物流的取货日程计划。

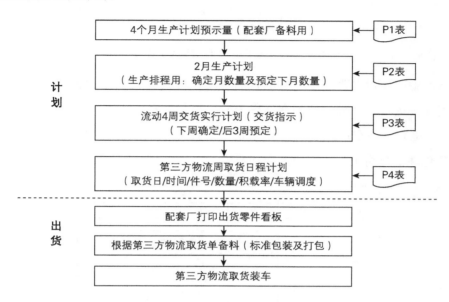

图 3-5 配套厂生产交货指示信息

具体步骤如下：

①P1 表提供 4 个月的计划表，用于供应商进行生产准备和备料采购。

②P2 表提供 2 个月的计划表，用于整车厂生产排程和计划展开，第 1 个月为确定计划，第 2 个月是准确定计划。

③P3 表用于 4 周滚动交货计划展开，第 1 周为确定交货计划，第 2 周为准确定，第 3 和第 4 周为预定。

④P4 表为周/日的实行计划表，用于物流取货计划（取货日/时间/件号/数量/积载率/车辆调度）和零部件供应商交货。

月度生产计划大约在每月 20 日，安排 4 个月的生产计划，确定 1 个月的汽车产量，预测后续 3 个月的生产计划。国内欧美合资整车厂由于 KD 件调达时间较长，部分整车厂采取 6 个月滚动生产计划，确定生产节拍、操作时间、产量和人力资源等。4 个月月度滚动计划的展开如图 3-6 所示。

1月	2月	3月	4月	5月	6月
☆计划时间	确定	预定	预测	预测	
	☆计划时间	确定	预定	预测	预测

图 3-6　整车厂 4 个月滚动生产计划

周度生产计划主要针对车型配置的变动，如发动机、变速器、音响等。提前 1 周安排周计划，周计划的变动率一般控制在月度计划的 15% 之内，如图 3-7 所示。也有些整车厂采用月计划固定，周计划微调颜色件的选配比例，以此减少颜色件供应商生产和交货的变动幅度。

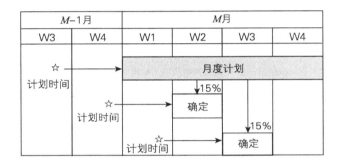

图 3-7　整车厂月/周滚动生产计划

如图 3-8 所示，日计划一般在生产日的前 5 天受理订单和制订计划。根据制订的日计划向国内供应商发出零件交货单。每天的变动率控制在周计划的 15% 之内（若没有更改则执行原制订的计划）。

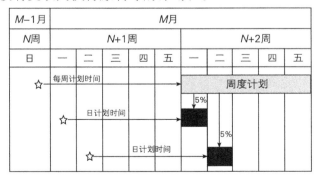

图 3-8　整车厂 N+2 周/日滚动生产交货计划

顺序计划是根据日计划制订的具体汽车生产顺序计划。各车间按顺序计划组织生产。一般情况下，生产指示车身完成前3天，发出生产投入指示，5天后完成整车生产。

（2）零部件滚动计划

零部件滚动计划的对象是向供应商交货的产品（总成）以及总成向下分解生成的零部件。时间域一般是月，时间跨度是从1月到12月的全年，每月更新。国内整车厂一般采用3~4个月或6~12个月制订零部件的滚动计划。该计划是根据车型汇总的需求总数直接产生的计划，未扣除当前库存，因此属于毛需求计划。

零部件滚动计划的主要作用如下：

①该计划的数据来源于年度滚动计划，计划物流部通过车型PFEP（Plan for Every Part，丰田称为原单位）分解出具体需要交货的总成件或展开至下级零部件。

②可用于各工厂零部件的能力计划和库存规划，指导备量计划。备量计划是指整车厂内部为了应对需求高峰所做的战略库存计划，即"削峰填谷"的产能库存调整规划。

③可用于检查实际生产数与计划数的差异，为后续计划提供指导。

④该计划体现企业的经营业绩（金额），体现目标与实际的差异，用于管理层进行决策。

表3-3是某整车厂零部件的年度采购计划样表。

表3-3 零部件年度采购计划表

序号	产品名称	单位	台套金额	一月	二月	三月	…	十一月	十二月	数量合计	金额合计
1	前/后保险杠	台套	××××								
2	门饰板	台套	××××								
3	行李支架	台套	××××								
…	…	…	…								

(3) 长周期采购计划

大多数整车厂都会存在需要长周期采购的物料，这些物料大多为进口材料或者大宗材料。长周期采购属于战略性采购计划，采购周期一般以季度或者半年以上进行计划。因此，整车厂长期采购一般根据年度需求计划进行制订。

3.1.3　整车厂生产计划平准化

1. 平准化生产的作用

平准化生产是多品种柔性混流生产条件下的一种精益生产方式，体现出对生产数量与时间的精益化要求。其中，"平"是指节拍式均衡化生产，按照生产节拍及标准作业、设备能力等，科学地分配产能。"准"是指JIT，即所生产的产品在需要的时间点上完成，适时适量。此外，平准化生产包括产品品种及数量的平准化。

平准化生产是每天所生产的产品按销售需求的种类进行比例平均，产生相同顺序的生产模组，如图3-9所示。平准化生产实现了最为均衡、稳定、持续的物料需求，为设备与人工的高效率创造有利条件。

图3-9　平准化生产示例

汽车整车厂一般采用混流生产模式，生产多品种、小批量、多频次、周期短的车型产品。平准化生产是指在规定的生产时期或生产阶段，采用如图3-10所示的生产方式，将生产线上车型序列根据不同型号甚至不同品牌进行排序生产，实现需求数量、品种和产能平准化。

通过整车厂和供应商的平准化生产，可实现小批量、多频次的快速生产切换。

① 当生产线装配对象为多品种混流生产时，各装配产品车型结构上和工艺上是相近的，每个装配产品在流水线上是混流生产。

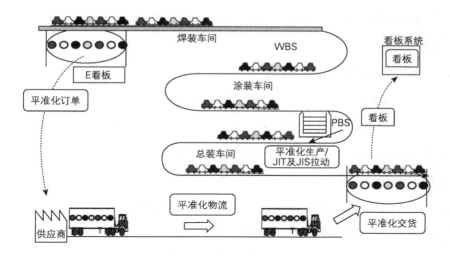

图 3-10　平准化生产模式

②当生产线装配对象为多品种混流生产时，增加批次，缩小批量，达到快速切换。

③优化排产原则，扩大排产比例，即最优化的排产顺序。

④整车厂平准化生产要求供应商同步供货。例如，对于汽车大物的同步交货指示精细到日及 2h 内，较大的整车厂一般要求大物的供应商将工厂设在生产基地周边，定时（0.5/1/2/4h）同步交货。

整车厂在生产过程中，根据平准化生产计划表上的进度，同步给供应商下达零部件订单，要求供应商在一定时间内送到整车厂总装车间线边。这种平准化生产思想的应用，实现供应商的同步供货。

同步供货可以减少零部件出入库所产生的移动成本，将供应商提供的零部件直接送至总装线，有助于提高生产效率。另一方面，供应商因为平准化的生产计划、有序返回空器具、当日取货等有利条件不被物流所困扰，消除了大量浪费，可以更加专注于生产优质的产品，也有利于供应商的发展。

2. 生产计划平准化是生产平准化的前提

生产的平准化很大程度上取决于平准化的生产计划，只在必要的时候做微调。生产计划的目的是形成以年、月、日等时间粒度的生产序列。这个大的生产序列需要满足以下要求。

(1) 生产计划与生产能力的平衡

整车厂和各车间工序生产计划要求具备一定的平准化,以满足大批量混流生产过程中的工时、工艺差异,实现最优的车序排产。例如,冲压车间的要求是产品总量均衡以及品种和数量比例均衡。焊装车间因车型不同,可能会出现工时不同的情况。在涂装车间,互斥的颜色不能相邻,深浅颜色换比不合理会导致生产成本的增加,因此需考虑尽量减少换色频次。在总装车间,各种车型的装配工时存在差异,装配工时长的车型不能连续上线。连续上线的后果是导致一段时间内工人作业量和作业工时增加,导致人力增加,提高制造费用。而后续装配时间短的车型连续上线时,则又会造成人员在节拍内休息等待,产生浪费。

同样,汽车生产物流也需要生产均衡排产。将工作时间分段,每段时间内的各品种产品总量均衡,达到减少人员和降本增效的目的。车辆生产进线平准化一方面可以中和不同车型间的节拍差异,达到较均衡的负荷(对流水线的柔性生产有一定的要求),同时还可实现零件(特别是选配件)在一天内的均匀需求,为厂内和厂外物流的按进度引取提供平准化条件。

例如,如图3-11所示,总装混线生产3个车型,单个车型的生产节拍分别为70s、80s、90s。未平准化时的最短生产节拍是70s,但整体生产节拍只能按90s来设定。采用平准化后,生产节拍变成80s,提高11%。因此,平准化能有效利用有限的人员,实现生产线节拍的最小化。

图3-11 汽车平准化生产示例

(2) 生产计划与需求的平衡

由于汽车零部件较多,库存量少,因此生产计划与资源需求的平衡是生产计划的一个核心问题。生产计划要得以完成,需要物资供应保证。必须做好物资预测工作,根据生产任务确定各种物资需求量,做好物资采购与库存管理工作,与供应商建立良好的合作关系进行准时化采购。

年度或月度生产计划的平准化有助于实现生产各工序、零部件供应商和物流系统在内的工作节拍平准化,彻底消除不必要的库存和忙闲不均的现象,提高生产效率,降低生产成本。而对每日车辆生产排序、数量与品种的平准化处理,可以使作业负荷、内物流量和外物流量实现平准化,进而达到全厂效率最优。

3. 平准化生产计划

平准化生产的实现需要有详细和稳定的作业计划,即 ERP 系统能够平衡销售订单与生产能力,提前制订出十分详细的采购计划、生产计划,并将计划与采购订单及时发给供应商。同时,MES 也能实时管控生产现场进度、物料供给进度,控制生产线有序地完成生产计划目标。平准化生产运作流程如图 3-12 所示。

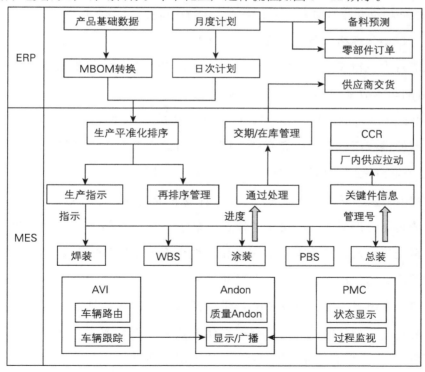

图 3-12 汽车平准化生产流程图

整车厂的月度计划展开模式见表3-4。整车厂一般会在每个月（M月）的中下旬做出后4个月的车辆生产计划。在$M+1$月和$M+2$月，月度计划的车辆被平准化均匀分配到月度内的每一个工作日。根据平准后的车辆计划生成每种零件的需求计划，这样零件需求计划也是平准的。在每月下旬根据市场最新的信息设定下个月的车型、规格、颜色，调整生产计划。

表3-4 月度计划模式

计划项目	$M+1$	$M+2$	$M+3$	$M+4$
车辆台数计划	○	○	○	○
车辆台数确定计划	○	○	—	—
每日车辆台数计划	○	○	—	—
车型、规格、颜色确定	○	—	—	—

注：其中○表示计划中提供该项目；—表示计划中不反映该项目。

月度计划制订的一般步骤如下：

①首先根据年度计划制订月度均衡计划的编制，M月下旬确定$M+1$月的车辆台数、车型、规格、颜色，在交车前2周部分车辆还可以修改颜色。

②M月中下旬根据年度生产计划、全国各销售店实际订单和预测订单确定$M+2$月的车辆数量和车型别，基本确定每日台数计划。

③根据生产月度计划与BOM，ERP系统生成零部件月度采购计划，并传给外地零部件供应商。对供应商而言，可以提前数月得知需求预告，并在M月得到$M+1$月和$M+2$月每日平准化计划，便于组织生产。

④对本地供应商而言，$M+1$月生产计划转成周/日车序作业计划，进行平准化混流转化，形成的平准化车序计划。车序计划再经ERP系统转化生成日平准化物料交货计划，指示本地供应商和本地仓库按车序进行备货，并根据时序生产指示配送到生产线边，以实现平准化生产。

例如，丰田对本地供应商和外地供应商采用平准化计划进行取货应用。整车厂对异地供应商通常按月的物料平准化交货计划进行取货，对本地供应商则按更精细的周/日平准化计划进行取货，具体流程如图3-13所示。

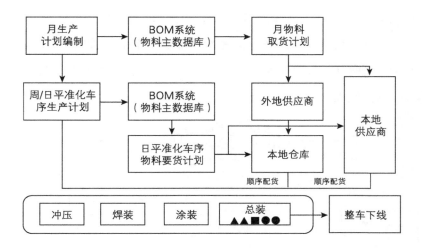

图 3-13 丰田平准化生产计划流程

月度计划平准化的优点在于：

①零部件供应商的生产和交货不会出现大幅度波动。

②月度内每日零件的物流货量不会发生变化，取货物流也可以平准化。

③对整车厂收货人员、设备也是平准化的。

④整体供应链可以展开一个流的最优化取货，实现生产物流的 JIT/JIS 拉动模式，追求供应链整体的最小库存。

3.1.4 生产计划系统

1. 丰田平准化生产的物与信息流

平准化生产追求短的交车前置时间，及时响应客户需求。整车厂生产部门根据销售预测，制订出年度/季度的生产计划、4 个月滚动生产计划、当月和周（或旬）的固定生产计划及日的微调计划，以平准化生产进行物流的拉动交货，对 KD 件及国内件的采购前置时间予以压缩，采取平准化小批量的拉动物流模式。

ERP 系统和 MES 遵循"严守前工程对后工程 JIT 交付"原则，以总装车间下线为起点，反向拉动计算涂装、焊装的生产计划，以此实现焊装、涂装和总装车间的同步生产。

在生产过程中，MES 将生产实绩实时回传给 ERP 系统，同时将车辆下线信息传送至整车发运系统，整车发运系统再根据销售部门的分车计划将车辆发运到全国各经销商处。以平准化生产计划为前提，遵守交期生产的丰田平准化生产物与信息流流程如图 3-14 所示。

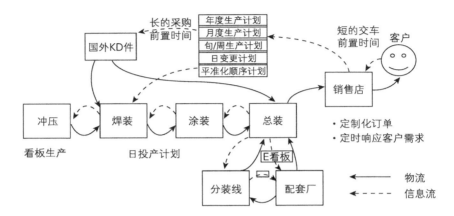

图 3-14　丰田平准化生产物与信息流框架

2. 生产计划系统的组成

整车厂生产计划信息系统主要由生产主数据、生产计划、生产作业计划、生产指示、MRP 等功能模块组成，如图 3-15 所示。

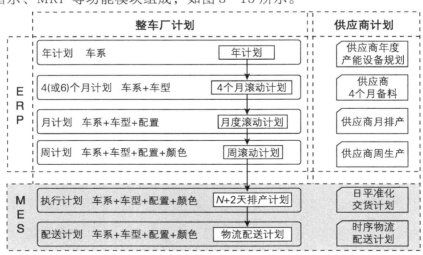

图 3-15　整车厂生产计划信息系统框架

(1) 生产主数据模块

生产计划主数据模块主要集成计划相关的各种数据,用于支持各个模块的数据应用需求。业务功能主要包括维护物料主数据基础数据、维护 BOM、维护工艺路线、定义班次、定义能力和工作中心、维护版本信息等。生产主数据的维护流程如图 3-16 所示。

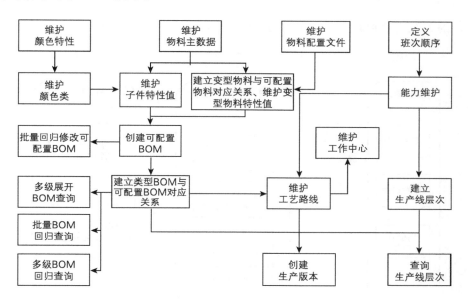

图 3-16 生产计划主数据的维护流程

(2) 生产计划模块

针对大批量混流的平准化生产设定一定规则,根据销售需求、生产日历信息、混流比例信息、零部件资源等相关信息,对生产序列制订月计划,为后续的计划排程提供基础数据。

根据 MES 确定混流车序预排计划,反推总装、涂装、焊装车间的上线顺序计划,为各个车间的生产和零部件取货、配送计划提供车序计划基础。

(3) 生产指示模块

生产指示模块是指导生产现场、物流、供应商的主要信息模块。系统接收生产作业计划后，自动生成车间生产现场的生产看板，现场作业人员根据看板指示进行车辆组装。同时，通过生产指示模块，向物流服务商和零部件供应商下达 SPS 配货指示、顺引顺建配货指示、及合并物流指示等。

3. ERP 计划与 MES 计划的关系

在 ERP 系统和 MES 中，生产计划管理都是非常重要的功能。一般情况下，企业的生产计划是由上层管理系统 ERP 来完成。生产计划在 ERP 系统和 MES 的关注重点存在差异，如图 3-17 所示。

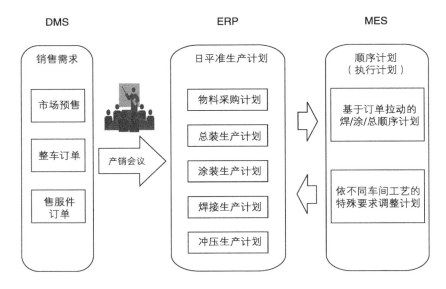

图 3-17 ERP 系统与 MES 的计划差异

①ERP 的生产计划是以订单为对象的前后排列。考虑时间因素，以日为排列单位，先后日期依据销售订单和销售预测的时间、制造提前期和原材料采购提前期、库存等因素，根据 MRP 的逻辑来计算，属于基于订单的无限产能计划。

②MES 的生产计划是以生产物料和生产设备为对象，按照生产单元进行排程。以执行为导向，考虑约束条件，把 ERP 系统的生产订单整合，重新进行生产排程，属于基于时间的有限产能计划。

以下分别从管理范围、管理对象、管理内容和管理时效四个方面，对 ERP 系统和 MES 的计划分工进行分析比较。

（1）管理范围

ERP 系统是对整个企业或企业集团业务的管理，而 MES 系统的管理是针对车间或生产分厂的。即使是功能最完备的 MES，对整个企业来说，也只是提供一个比较狭窄的视角，缺乏管理层管理和决策所需要数据的宽度和深度。

（2）管理对象

ERP 系统是对人、财、物等各种企业资源的管理，强调物流、资金流的统一，即业务财务一体化。MES 的管理则更集中于生产现场资源，即设备、工艺物料等。

（3）管理内容

ERP 系统的管理整个企业的内部价值链和供应链，即销售、采购生产、库存、质量、财务、人力资源等。强调所有这些业务的整合，强调计划（销售计划、生产计划、采购计划等）的协调和控制。MES 主要管理生产的执行，包括生产质量、生产作业调度和生产实绩反馈等。

（4）时间粒度

ERP 系统对计划和业务管理的时间区间比较宽，以年、季、月、旬或周、日为单位。由于对生产现场管控的需要，MES 的管理更加细致，管到日、班、小时、分。在 ERP 系统产生的长期计划指导下，MES 根据底层控制系统采集的生产实时数据，进行短期生产作业的计划调度、监控、资源配置和生产过程的优化等工作。

因此，MES 的生产计划管理和 ERP 的生产计划管理共同构成企业整个生产过程的生产计划管理，如图 3-18 所示。为了更好地实现生产，必须将 MES 的生产计划管理和 ERP 系统的生产计划管理进行有效结合，使 MES 与 ERP 系统一起构成计划、控制、反馈、调整的完整闭环系统，通过接口进行计划、命令的传递和实绩的接收，使生产计划、控制指令、实绩信息在整个 ERP 系统、MES、过程控制系统/基础自动化的体系中透明、及时、顺畅地交互传递。

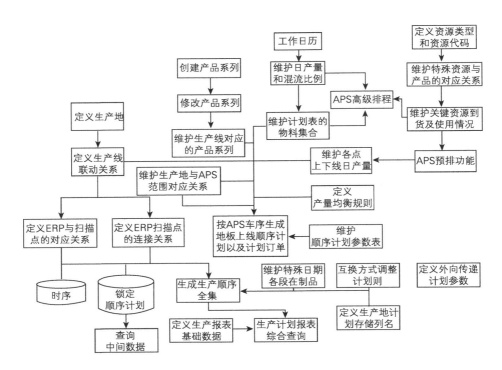

图 3-18　整车厂生产计划组成关系

MES 的生产计划是 ERP 系统的生产计划落地的基础和保证。因此，MES 的生产计划管理功能包括：

①接收上层 ERP 系统发布的生产计划。

②能够即时将车间生产的实绩信息传递给 ERP 系统，以使 ERP 系统根据计划执行情况进行倒冲和排产。

③将 ERP 系统制订的生产计划以生产物料和生产设备为对象，进行整合，重新排产。

3.2 ERP 计划模式

（1）订单管理

销售部门接收来自经销商的车辆订单，销售部门需要根据市场分析、年度销售计划和经销商订单等多重因素，制订工厂的全年、半年、季度的预测订单，制订滚动的月订单、完成当月订单确认工作等。ERP系统的订单管理包括从接收计划释放的订单序列和车型信息，到订单排序和状态跟踪等业务功能，这些功能包括订单执行、订单调整、特殊订单管理、订单BOM管理等功能，具体见表3-5。

表3-5 订单管理业务功能表

业务功能	整车订单执行	订单序列调整	特殊订单管理	BOM管理
系统功能	订单接收	设置排序条件	非销售订单接收	车型信息维护
	订单更新	生产排序	非销售订单释放	整车BOM接收
	订单删除	序列调整	手工订单创建	车型BOM匹配
	订单释放			BOM设变管理
	订单匹配			
	订单保留/解除			

(2) BOM

BOM是具有结构性的产品所需零部件明细表。BOM是构成父级装配件的所有子装配件、零件和原材料的清单，包含制造这个装配件所需零部件的数量。BOM表明了产品与部件、部件与组件、组件与零件、零件与原材料之间的结构关系，以及每个装配件包含的下属部件（或零件）的数量。企业中不同的部门对BOM的需求也是不同的，BOM根据不同的需求分为不同的种类，主要包括设计物料清单（E-BOM）、计划物料清单（P-BOM）、制造物料清单（M-BOM）、成本物料清单（C-BOM）等。

如图3-19所示，BOM是企业在生产管理、物料管理及财务分析中的数据库，而这个数据库包含的每一项数据都会直接或间接影响生产计划、装车指导看板、零部件采购等。例如，某种零件由进口件转化成了国产件，而进口件与国产件的零件号的差别不大，但国产件和进口件的价格会存在较大差异。因此，BOM 对 ERP 系统基础数据的作用和影响很大，BOM 维护的准确性会对企业的财务核算及运营产生重要影响。企业在 ERP 系统实施过程中一定要保证 BOM 的准确性。

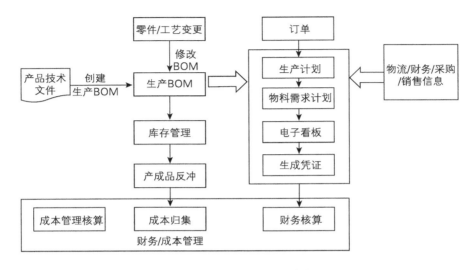

图 3-19　BOM 在 ERP 系统中作用

(3) MRP

汽车 ERP 系统计划最重要的是 MRP 的计划逻辑。结合生产、零件交付、包装的实际需要，整车厂 MRP 的主要工作内容包括：

①根据生产计划确定每小时的生产计划数量。

②根据产品 BOM 确定每小时整车下线所需零件用量。

③根据物料操控时间和上线时间确定零件交付时间。

④将当期库存反映在计算之中。

⑤根据每个零件设置的交付时刻表，确定供应商的零件交付时间和数量。

在 MRP 计算的基础上，整车厂 MES 接收 ERP 系统广播下发的订单，根据生产制造要求进行生产排序，绑定订单对应车型信息的 BOM，并安排订单上线生产。订单计划的具体流程如图 3-20 所示。

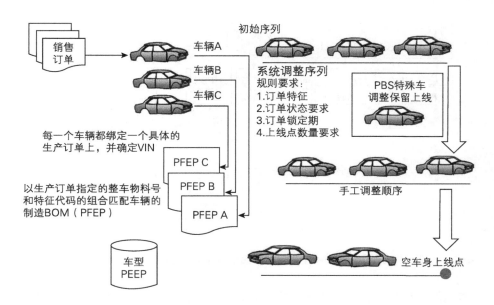

图 3-20　订单计划的业务流程

3.3 MES 的车间作业计划

如图 3-21 所示，整车厂的车间作业计划主要包括焊装、涂装、总装三大车间的生产计划排程。车间作业计划其直接关系到物料精益、生产准时、低成本、生产柔性。车间作业计划的数据源是来自 ERP 系统，MES 需要根据各个车间的影响因素来综合制订车间作业计划。生产节拍、物料准备，物料性能、质量、生产人员技能、市场导向等影响车间作业计划的因素众多，同时这些因素的不确定性高，经常变化，MES 的车间作业计划要求具有一定的复杂性、灵活性和可扩展性，这样才能确保计划排程的可行性与高执行率。

生产执行是指在计划部门进行排产以后，生产部门将实物车生产出来的过程。系统在此过程中主要是配合实际业务流程，因此生产执行部分的系统功能会紧紧围绕整车生产的工艺流程。

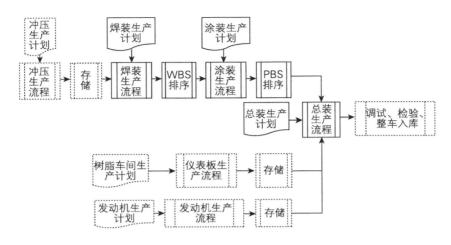

图 3-21 整车厂车间作业计划组成

车间作业计划的执行与监控主要通过过程控制来完成。图 3-22 是整车厂各车间进线投入与生产完成的主要过程控制点。在冲压车间、机加车间和树脂车间一般是以周计划批量投入生产，焊装车间和涂装车间主要以日计划小批量投入生产，总装车间是以日计划混线投入生产。MES 在车身经过各控制点时采集车身信息，对车间作业计划的执行进度进行监控，并同步指示生产与物料供应。

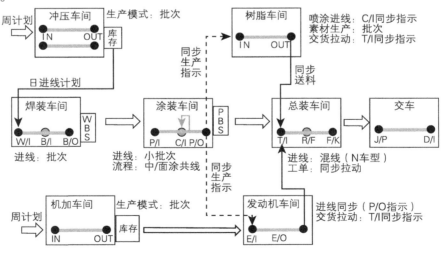

图 3-22 整车厂生产过程主要控制点

3.3.1 车间计划管理

MES 的车间计划管理模块主要负责接收 ERP 系统生成的生产投入计划，由计划部门根据各车间生产节拍分解成各个车间的计划，然后发送给制造车间按计划生产，根据生产计划打印相关的生产指示卡。

车间计划分为月度产量计划和周次产量计划。以整车订单为最小单位，实现月度内各车间，各车型每周次的生产计划管理，以及按各车间、各班次、各现场点进行每生产日的生产计划管理。计划管理人员可通过 MES 对计划数据进行输入、维护和输出等操作。

年计划产量管理是针对一个生产年度中所有生产周次，按照车型进行计划产量的设定，同时根据前期实际产量不断更新后期的计划产量设定，实现全年生产稳定有序，完成年度产量计划。

在制订年度/月度产量计划时，所设定的计划产量按照车型分组，设定的主要内容包括：

①设定全年生产周次（一般为 52 个周次）。

②以周次为单位，设定班次每天工作时间。

③以周次为单位，设定平均每天生产及交车的产量。

④统计出每周计划/实际生产及交车产量。

⑤按周次为时间单位，统计出每阶段的累计计划/实际生产及交车产量。

周计划产量管理是按班次设定每个车间的日计划产量与生产排序，用以指导各车间班次在某一生产日中的生产活动。对于车间的计划产量设定，可以按该车间的某些关键现场点为单位，设定各班次在工作时间内需完成的计划产量。

①设定某周次内的生产天数。

②按现场点为每个班次设定计划产量。

③排序模块决定各种不同属性的车辆生产数量和在车身车间的生产顺序，

另外，还可以处理相应产品识别标签的打印。

周计划管理在制订时，需要将用户订单进行生产计划平准化，平准化的周生产计划示例见表3-6。

表3-6 周计划平准化示例

车型 \ 产量 \ 日期	星期一	星期二	星期三	星期四	星期五
A	30	30	30	30	30
B	20	20	20	20	20
C	10	10	10	10	10

根据上表的周生产计划，以及焊装、涂装与总装车间生产工艺的差异，各车间的生产顺序计划及进线比例设定如图3-23所示。

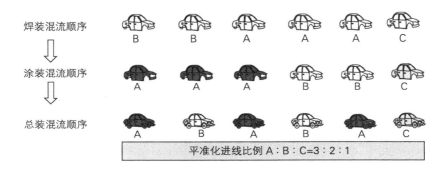

图3-23 平准化生产计划示例

3.3.2 冲压车间生产计划

冲压车间生产计划主要来自整车的制造计划，冲压车间一般设有专门的计划员，负责冲压生产计划编排和管控。首先计划部门需要出做整车生产计划，然后将该计划发送给冲压车间的计划员。冲压计划员根据生产部的主生产计划、焊装车间的需求计划，制订本车间当日生产计划。

冲压车间的生产计划一般由两部分组成：

①生产部通过ERP系统下发主生产计划。冲压车间计划员在该计划的基础

上提取各冲压件信息，根据各种冲压件的数量、规格、批量制订相应的冲压生产计划。

②焊装车间的冲压件需求计划。焊装车间每日冲压件需求计划是冲压车间提前一天提出交货需求，冲压车间根据该需求计划，参考库存，得出欠产数量。

冲压车间的生产排产步骤如下：

①从 ERP 系统接收整车生产月计划，对冲压计划进行展开，将整车生产计划分解为冲压车间各成品零件的计划。

例如，某日整车计划生产 600 台，其中 A 车型 200 台，B 车型 400 台。冲压计划员需要计算 A 车型需要 400 个 A 型侧围，B 车型需要 800 个 B 型侧围。

②为了充分利用冲压车间生产能力，根据冲压车间的现有库存、冲压成品库存水平、冲压生产节拍、换模时间及换模次数、焊装车间当天的冲压件需求计划等条件，动态确定冲压生产的经济批量，获得每一种规格冲压件生产最优的批次数量，完成冲压生产计划的编制，下达到生产线，进行监督和控制。

③MES 提供一套业务模型，将整车滚动月/周生产计划自动发布至冲压车间 MES 生产排程模块中。根据制造 BOM 自动展开，在保证最少的成品库存的前提下，由 MES 内置的优化算法对生产计划进行编排，确定最经济的生产批量和批次。

④冲压车间另一个管理重点是库存管理。为了在模具更换次数和成品库存之间寻求平衡，成品库存的经验值为 1~3 天比较经济。在日系公司，大物的冲压件库存控制在 4h 内，中物冲压件库存 1~2 天，小物冲压件库存 2~3 天。

⑤冲压车间以月/周计划做进线指示，按批量生产。冲压车间的日产能规划一般包括 240 台、480 台、720 台等。大件一般是全自动冲压线，中小件是半自动冲压线，冲压完成的零件以焊装日生产计划送料至焊装车间，一般以 2h 或 4h 批量搬运进线。冲压车间作业计划展开示例如图 3-24 所示。其中，冲压 1 线主要针对大件，采用全自动连续自动冲压线。冲压 2 线针对中小件，采用半自动冲压线。

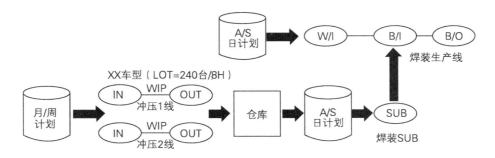

图 3-24　冲压计划示例

3.3.3　焊装车间生产计划

焊装车间在整车厂四大车间中自动化程度最高。目前，国内新建整车厂的焊装车间自动化率均在 90% 以上，基本实现机器人进行白车身的自动化焊接。考虑整车厂车型扩展的实际要求，焊装车间要求具有较高的生产柔性。焊装车间越来越多地采用多品种的柔性共用焊装线，这对焊装车间的生产计划管理提出更高的柔性要求。对于焊装的计划、排产和生产过程控制，需要更加柔性的车间计划管理予以应对。

传统的人工管理方式难以很好地控制生产过程，易导致焊装生产过程中出现等待时间长、信息反馈慢、在制品占用量大、生产不均衡以及焊点的错焊、漏焊等情况，无法满足焊装线柔性化的要求。因此，在焊装车间计划管理中，需要借助计算机技术、信息技术和自动化控制技术实现对柔性焊装线生产计划的管理。

焊装车间计划管理模块是焊装 MES 的一个重要组成部分，直接关系到车间生产过程能否顺利进行。目前由于多种车型产品在同一条焊装线上生产，导致不同产品在不同焊装工位的加工任务不一样，从而导致物料配送、加工指令等不同，而要实现产品在适当的时间采用适当的加工指令、配送适当的物料、完成适当的加工就成为焊装线计划管理柔性化的重点。

（1）根据主生产计划进行均衡排产

焊装车间的主焊线可以生产多种车型，主焊线产品经过编组之后合流到调整线进行后续生产，这种柔性的生产工艺要求能够满足产品品种和数量需求，能够根据生产节拍实现生产线的工时平衡。

（2）将排产计划实时下达到各条生产线

焊装生产要求在到达焊装主线之前，按照一定的提前期，准备该车型的发动机舱、侧围、行李舱等。在这种情况下，必须将排产计划下达到各焊装分线，才能及时供应焊装主线。由于各产线都是机器人自动化生产，信息传递需要由 MES 完成。焊装车间进行生产执行和控制的重点是如何进行可靠的信息传递和对生产变化进行控制。

（3）焊装生产计划需要考虑到涂装和总装的生产工艺特点

焊装车间计划仅考虑焊装的生产节拍是不合理的。其原因在于：对于涂装生产而言，没有规模效应；也会导致总装排序上线时无法提供所需的空车身。因此，焊装车间日生产计划需要根据整车厂的主生产计划、涂装车间的白车身需求计划制订。

焊装车间生产计划一般由两部分组成：

①生产部通过 ERP 系统下达的主生产计划（即涂装车间第 2 天的生产计划）。在该计划基础上提取车型信息，根据各种车型的数量和顺序，制订焊装车间计划。

②焊装车间的白车身需求计划。涂装车间当天的白车身需求计划是焊装车间前一天的生产任务，焊装车间根据该需求计划，参考库存确定欠产数量。

因此，焊装车间当天的生产计划由生产部的生产计划与欠产车身两部分组成。生产部的计划对焊装车间保证当天没有变动，焊装车间结合欠产量，制订本车间当日生产计划。主生产计划由 ERP 系统提供，包括车型、颜色信息，对应的数量、时间和先后顺序。欠产计划来自涂装车间计划与调度模块，包括白车身的型号，对应数量、时间和先后顺序。

确定焊装车间的生产计划后，MES 制订焊装车间产品作业计划。具体步骤如下：

①调用产品工艺数据,得到车身所要经过的工位、各工位使用的设备或工作中心以及各工序的工时信息。根据表3-7所示的工艺路线资料,通过计划管理系统的工艺配置模块,将工艺路线转换为数据表的格式,存储到数据库中。

表3-7 车身工艺路线表

车型号:AXXX
车型名称:

工作中心号	工序号	工序名称	单件 CT(min)
1	UB10	底板焊接	7
2	UB20	前围补焊	12
3	UB30	XXXX	9
…	…	…	…

②通过产品结构数据、自制件、外购外协件的供应周期和供应能力,并综合生产能力数据,获得班次、设备数量、生产效率和等待时间等工作中心资料,推算作业任务的工序进度。对于新投产的任务,从交货日期开始,反推工序顺序,由后往前推算。按照工序时间、排队时间和运输时间确定作业任务在每一道工序上的生产时间,计算各工序的开始时间和结束时间。对于已经在车间内加工,由上期转结的尚未完成的在制品任务,则从当前工序开始,由前向后计算。

③计算生产能力需求,得到每个工作中心的生产能力需求量。在此基础上,调整工作中心负荷,使负荷与能力达到平衡,制订产品作业计划。产品作业计划的具体编制示例如图3-25所示。

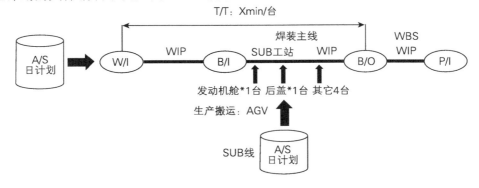

图3-25 焊装计划示例

其中，焊装车间一般以日生产计划做进线指示，MES 对焊接分线小批量生产指示，而对焊装主线则以单台进行生产指示。

3.3.4 涂装车间生产计划

涂装车间生产计划的主要工作内容是制订涂装的计划，以便及早调整车身的顺序，便于涂装。同时根据总装车间的装配计划，在涂装结束后调整白车身的顺序。

涂装车间当日生产计划根据 ERP 系统下达的主生产计划和总装车间的空车身需求计划制订，当日生产计划由生产部的生产计划与欠产车身两部分组成。

①生产部通过 ERP 系统下达的主生产计划。主生产计划由 ERP 系统提供，包括车型、颜色信息、对应数量、时间及先后顺序。在该计划基础上提取车型与颜色对应信息，统计不同颜色车型的数量。

②总装车间的空车身需求计划。总装车间当天的空车身需求计划是涂装车间前一天的生产任务，涂装车间根据该需求计划，参考库存，得出欠产数量。欠产计划由总装车间计划与调度模块提供，包括空车身的车型与颜色信息、对应的数量、时间和先后顺序。

涂装车间的待涂装车身来自焊装完成品区 WBS，WBS 一般设定 0.5~1h 的库存。一般情况下，焊装车间的排产计划通常已考虑涂装的生产需求。但是焊装生产过程中会发生个别车身存在质量问题，需要下线维修或报废处理，这样从焊装车间投入涂装车间的车序和统一安排的排产计划存在一定差异。

涂装车间计划如图 3-26 所示。其中，MES 在涂装前处理 F/I 采集进线车辆信息，在中涂 S/I 和面涂 C/I 提供车色喷涂指示信息，用于车色的同色小批量喷涂。涂装完成的合格品车经过 P/O 进入 PBS 空车身存储区。MES 的 PBS 调度模块根据生产计划调动空车身进入总装主装配线 T/I。同时，MES 向发动机车间和树脂车间下达同步的生产拉动指示。

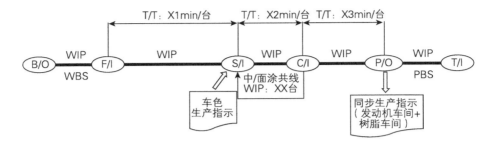

图 3-26 涂装车间计划示例

3.3.5 总装车间生产计划

总装车间生产计划是根据 ERP 系统下达的主生产计划和成品库存车型数量来确定。总装车间 MES 根据总装当日计划制订进线规划,生成装配指示单,用于作业人员取料与装配。

总装车间顺序计划的工作原理如图 3-27 所示。为了保证生产的平稳运行,总装车间的生产由及时更新的生产顺序计划进行拉动,拉动点在总装线入口处。总装车间的顺序计划表要求平准化,因而在生产过程中不能插单,不能随意更换生产顺序。总装线的许多零部件供应也是顺序计划进行拉动,总装顺序计划的稳定性会影响物料、在制品库存。

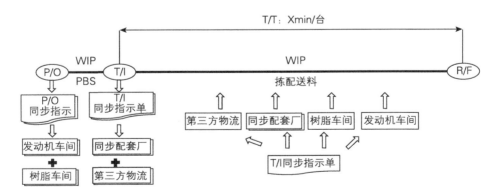

图 3-27 总装顺序计划的工作原理

在总装顺序计划制订时,根据空车身预定时点,MES 完成顺序计划队列中每一台车辆通过每一个生产指示点位的预定时点。当总装生产节拍为90s，空车身通过T/I预定点的时间序列如图3-28所示。

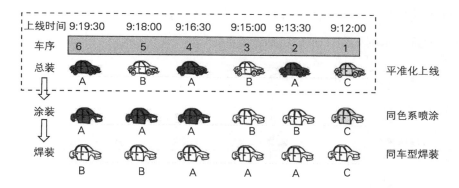

图3-28 日生产顺序和通过T/I工位预定试点（车间上线队列）

空车身关键工序预定时点计算的逻辑如下：

预定时点 = 计划进总装T/I点的时间 + T/T× 关键工序位差

动态再计划主要根据生产实绩，对空车身预定时点进行再计算。根据车辆通过生产指示点位实绩，计算和更新其后续点位的预订时点。MES对实绩信息与计划信息的比对，将差异性显示在进度看板上，管理者可以及时获得生产变化的动态信息。动态再计划可通过WBS/PBS调整车序，并暂存落后车。总装动态再计划示例如图3-29所示。

图3-29 总装动态再计划示例

其中，总装车间生产节拍设定为90s，仪表在总装第22工位。当空车身在

T/I 进线时间为 9:30:00，则该空车身预定到达仪表装配工位的时间为：9:30:00 + 90 ×22 =10:03:00。

针对试制新车、售服件空车身、特殊车辆、紧急车辆等特殊车，在总装顺序计划的排产示例如图 3-30 所示。

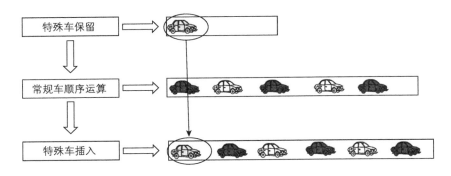

图 3-30 特殊车处理示例

①排产前，为了避免特殊车对一般车辆生产的干扰，先对特殊车做进线移开处理。

②待顺序计划制订完成后，再根据预估工时等数据，将特殊车插入生产顺序队列中。

3.3.6 生产同步物流计划

整车厂的生产物流计划内容主要包括整车生产计划调整和发布、订单的生成发布和验收、供应商到工厂的零部件纳入方式企划、工厂内部线侧零部件供给模式的企划以及相关物流器具制作和设计等。这些业务主要由生产管理部来执行。

如图 3-31 所示，生产同步物流是指根据整车厂的生产与排序计划，汽车车身在冲压、焊装、涂装与总装车间进行车间级的排序流动，同时汽车零部件根据整车厂的实时进度进行 JIT 供应与物流操控。生产同步物流是整车厂实现精益生产与物流的前提。通过同步物流计划，可以提高整车装配质量，降低线边与供应商库存。

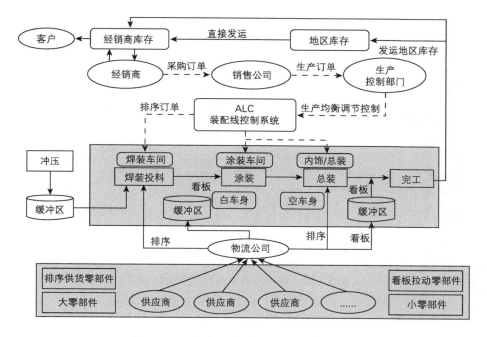

图 3-31　整车厂生产同步物流系统原理

同步物流计划首先根据产品 BOM，从整车厂的月度生产计划中计算确定零件月度供应计划，并将此计划发至零部件供应商。零部件供应商根据此计划，提前准备或按进度生产，以此降低供应商库存。同时，在零部件供应与物流作业时，通过 MES 建立与整车车序计划相对应的零部件内物流计划，具体如图 3-32 所示。同时根据生产实际进度，建立焊装、涂装、总装的车序指示或看板系统。根据车序进度指示进行内物流的作业，实现仓库和生产线边的零部件低库存，提高生产管理效率，降低库存成本。整车下线后，建立 MES 反冲模块进行日装车零件的盘点与成本核算。

根据上述业务逻辑，整车厂 MES 物流计划模块的主体是调用数据库中的生产计划数据，根据车序进度指示生产，形成物流按需配送。在零部件订单发布方式上主要采用以下两种形式。

（1）月度零部件计划

月度零部件计划主要用于指导零部件供应商的生产准备。零部件供应商一般能够在月末从整车厂提前得到次月已确定零部件供应计划和 2 个月的供应预计划，以便供应商提前采购原材料和组织生产。

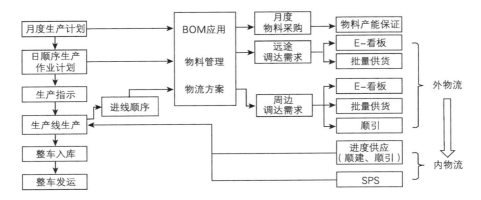

图 3-32 零部件供应商同步物流计划

(2) 日订单

日订单主要用于指导零部件供应商进行零部件的供货组织。根据每日车辆生产计划和车辆生产实绩，订单系统生成次日车辆生产所需的零部件种类和数量。

整车厂生产计划与订单发布、零部件供应商计划订单接收备货、第三方物流取货计划和车辆调度计划相关的业务逻辑如图 3-33 所示。

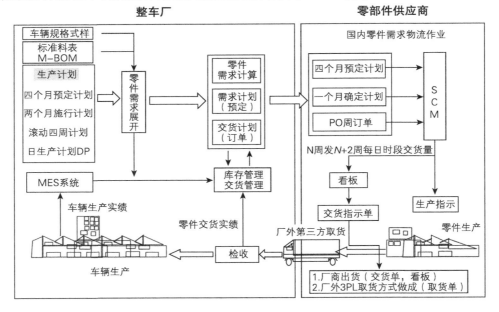

图 3-33 汽车供应链的零部件物流作业流程

3.3.7 计划排产约束分析

汽车生产计划的制订受到诸多条件的制约,计划排产不仅需要考虑汽车制造主要工艺的各自特点,还需考虑不同品种混线生产时的调整时间、资源约束和生产线柔性。焊装生产要求尽可能把同一品种放在一起生产,以减少更换品种时物料混乱与工位调整时间增加;涂装生产需要考虑把同种颜色的车放在一起喷涂;总装生产要求每个批次车型的高低工时搭配,实现平准化组装。同时,各车间同时还受到总体生产计划的约束,包括批次、品种与生产时序的约束。

MES 接收 ERP 系统的日生产订单,包括车型和数量信息。MES 需要对日生产订单进行进一步排产。在满足交货期的前提下,根据车型、颜色、设备能力等因素,考虑部分权重规划(如设备利用率最优等),对生产计划进行排序,将生产订单转化为现场可执行的生产工单。在一定时间范围内,根据车间实际生产过程对生产计划进行相应的变更调整。其一般业务流程如下:

①生产部门根据计划部门的指令,定期(如每天、每班等)从生产订单库中取出生产订单(通常为一车一单),并确定订单生产顺序(即建立订单优先级,考虑到一车一单,其实也就是汽车在生产线上的顺序)。这一过程被称为排产。由于未考虑生产实际可能发生的状况,又被称为静态排产。

②对已排产的订单开始安排生产,通常称为调度(Scheduling)。

③在生产进行当中,检查车辆生产状态,并根据实际要求采用特定的方法调整订单的执行顺序,又被称为动态排产。

汽车生产排产的约束条件包括:

(1) 同一单元内车型的排列

在同一单元内安排的车型差异性最小,一般是按如下次序排列:

①同一平台的车型。

②同一平台的同型号车型。

③同一型号的同一配置的车型。

即同一单元内的车型所装的零件差异性小。

(2)排产中订单交货期的约束

订单交货期的约束是将订单中的车型组合后,考虑生产单元具体生产时段的约束条件。

(3)生产线本身固有的约束

对于涂装生产线,一般存在最低数量、同种颜色、成组涂装等要求。又如,车架组装线对车架工装的更换周期有明确要求。

(4)生产线之间的固有约束

如果各生产线排序没有衔接好,就会发生诸如内饰装配时规定规格、颜色的仪表板还未涂装完成,总装线上要装保险杠时还未到位或规格不对等脱节现象。

(5)物料到位约束

①现有库存(包括在途物料)不能支持。

②远高于预测数的紧急要货量。

③供应商的生产、供货能力制约。

④交货周期的制约。

⑤自制件的生产周期制约。

基于上述约束的考虑,总装生产计划约束如图3-34所示。

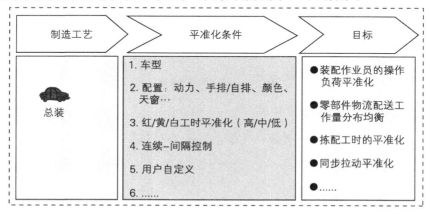

图3-34 总装生产计划约束条件

3.3.8 MES 车间计划下达方式

MES 车间计划下达的主要方式包括：

(1) 车型显示板

这种方式主要用于焊装车间。使用车型显示板设备，将车间每个工位生产车辆车型信息或者零件信息进行显示，以此来指导生产者按照生产计划进行生产。车型显示板一般采用两位八段码，显示内容为数字。

(2) 触摸屏

触摸屏可显示的计划生产车辆信息比较多，但触摸屏使用面积较小，生产人员距离触摸屏较远的情况下并不适合使用。触摸屏较多应用在焊装和发动机车间。MES 将生产计划信息下达至生产现场的触摸屏，并且按照一定的格式显示，指示生产人员进行相应的生产活动。

(3) LED

LED 可显示内容相对较多，并且可视明显，因此使用最为广泛，可以应用在所有的生产车间，并且可以动态提示生产人员执行正确的生产活动。

(4) 配置单

配置单采用计算机打印的方式，将生产信息打印出来。这种方式一般是将打印好的配置单粘贴在待产车辆上，方便生产人员了解待产车辆信息，这种方式不适合工作环境相对恶劣的焊装和涂装车间。

(5) PLC 数据传递

PLC 数据传递方式是应用 MES 与现场生产设备 PLC 之间的网络连接，将生产计划信息传递至现场生产设备，指导生产设备完成生产。这种方式适合自动程度较高的车间。当现场操作人员比较少的情况下，生产过程的实现通常是由生产设备自动进行判断，这种数据传递方式可以很好地实现生产计划的传递。通常情况下，涂装车间采用这种方式进行计划数据传递。

(6) 智能料架

智能料架是采用控制带灯按钮显示的方式指示生产人员进行相应的生产活动。在存放零件的物料架上，根据不同种类的零件划分，在不同的区格内安装指示灯。在生产过程中，根据生产计划的需要，点亮相应零件区格的指示灯，指示生产人员进行物料拣选。智能料架适用于同一个工位零件种类较多，并且零件体积不大，需要人工操作的生产场景。

MES 的生产计划管理作为沟通上下层生产过程的桥梁，不仅包含和下层生产设备的通信，还包含与上层 ERP 系统的通信。MES 从 ERP 系统获取生产计划并作相应调整后向下传递，指导生产。为了保证在 ERP 系统出现故障的情况下不影响车间生产活动的正常进行，需要设计一定的故障处理程序，在 ERP 系统无法传递生产顺序计划的时候，可以继续指示生产设备或作业人员进行生产。

案例 某整车厂的生产计划体系

在业务流程上，生产计划来自于销售部门的需求预测和实际的用户订单。通过 ERP 系统下达车辆生产计划任务，生产计划包含需生产的车型、数量、计划下线时间等信息。信息下达后，MES 根据实际的生产情况进行上线排产，CCR 监控生产现场的进程。合格车辆生产下线后，车辆信息将传递给销售部门和第三方物流的车辆运输公司。通过订单需求进行配车，并发运至经销商门店。

生产任务下达的同时，相关的物料需求计划通过 M-BOM 展开为车型零部件料表，同时生成国内采购订单和国外采购订单，发给零部件供应商。在生产过程中，根据实际的物料消耗情况，MES 与供应链采购系统集成，同步向零部件供应商、物流承运商发送物料订单。零部件供应商或物流承运商在收到订单后，将生产物料送至整车厂的零部件仓库。零部件送达整车厂后，由物流人员签收，签收的订单将作为结算依据。物料接收后，物流人员根据物料计划与生产实绩进行 JIT 配送。汽车的生产与物流计划体系如图 3-35 所示。

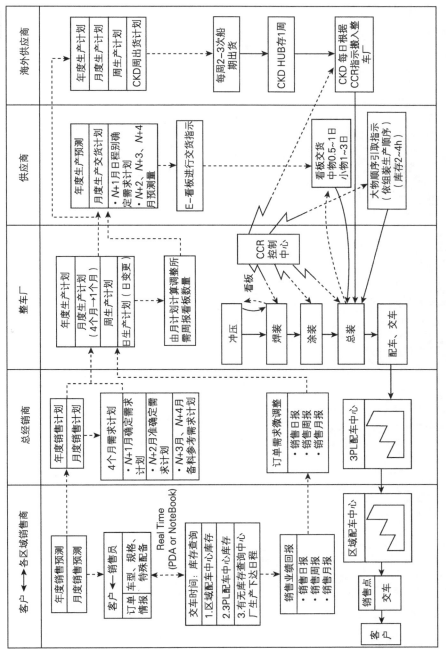

图3-35 汽车生产与物流计划体系

第4章 焊装车间MES

4.1 焊装车间工艺流程与业务需求分析

4.1.1 汽车焊装自动化生产线

1. 汽车焊接生产工艺

焊接是汽车制造业中的重要环节之一，也是汽车整车生产的第一个总成步骤。焊接是车身成形与整车质量保证的关键，直接关系汽车的总体性能指标。

汽车车身焊接工艺复杂，主要包括点焊、弧焊、激光焊、螺柱焊、涂胶、压孔、卷边等。其中，点焊工艺处于主导地位，主要完成车架、底板、侧围、车门及车身总成合焊等的装配焊接。以车身焊装生产过程中大量采用的电阻点焊工艺为例，电阻点焊大约有3 000~4 000个焊点。

整车厂焊装车间一般采用冲压零件→部件→总拼的焊接加工过程，由多条分线并行生产，由底盘焊装主线和前舱、后底板、行李箱盖、侧围等分支焊装线组成。这些线体将各种车身零部件焊装为合件，再将合件、结构零部件焊装成分总成，最终将分总成、合件、零件在主焊装生产线完成白车身焊装。白车身是指已完成焊装工序但尚未进入涂装工序的汽车车身。焊装车间一般工艺流程如图4-1所示。

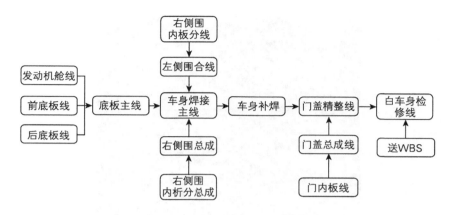

图 4-1 汽车焊装的一般工艺流程

作为焊装车间的主生产线，底板主线的上线顺序是根据焊装车间生产计划中所制订的顺序进行。发动机舱线、左右侧围线等其他分总成线的生产均围绕底板主线进行。门盖精整线主要完成四门两盖（即左前门、左后门、右前门、右后门、前盖、后盖）焊装，并对该车身进行表面处理与打磨作业等工序，然后将完整的白车身输送至 WBS。

焊装车间的各条生产线一般按照生产工艺相互刚性连接。例如，底板主线、车身焊接主线和门盖精整线通常采用拉杆输送链和空中输送车等机械化、自动化方式；而侧围分线和四门两盖的生产线大都采用料架和缓存区的形式，分别将各个零部件输送至每条合车线和精整线工位。各生产线间通过控制系统相互协调，实现按一定生产节拍的焊装流水线自动生产。某整车厂焊装车间自动化生产如图 4-2 所示。

2. 焊接自动化柔性生产系统

由于传统的手工焊、专机焊的劳动强度大，作业环境恶劣，白车身焊接质量不易保证，同时无法适应汽车行业在车身新材料、产能与车型种类柔性、生产可靠性与节拍的要求。为了保证焊接质量，提高焊装生产的自动化水平与生产效率，使生产更具柔性，目前大多数整车厂均采用基于各类焊接机器人的柔性自动化焊装线。焊装车间一般由底板、侧围、前/后围以及主焊线等自动化焊

图 4-2　某整车厂的焊装车间自动化生产线现场

装线组成。自动化焊装线拥有焊接机器人、夹具、焊钳等自动化焊接设备。柔性自动化焊装线具有以下特点：

（1）焊接工艺及其输送设备的自动化

焊接工艺要求实现白车身总成的机器人自动焊接，以及焊装工位间的精确高速传输。自动化焊装生产线主要由等离子弧钎焊、6自由度机器人、随行工装、车身高密度机器人工位、车身补焊线高密度机器人工位、侧围机器人上料工位、机器人弧焊、自动焊机维修系统等组成。输送设备包括滚床、往复杆、链式输送机、夹具、自行小车输送系统（Electrified Monorail System，EMS）等。这些设备分别由各自的 PLC 控制，控制系统结构较为复杂。

（2）智能快速切换

在不同车型的白车身焊装时，由于车身坐标结构与焊接工艺不同，需要不同的焊钳等工装治具，并产生一系列的生产准备时间。因此需要实现关键焊接工位白车身总成车型的快速切换与定位焊接，如焊钳自动更换装置等。

焊钳自动更换装置通过模块化设计，使机器人焊钳的各种连接接口实现标准化。根据焊装部位的不同要求或焊装产品的变更，可自动从储存库抓换所需焊钳。点焊机器人按照程序可在几秒钟内完成自动更换，实现焊钳快速自动更换。因此，点焊机器人能够满足车身各部位焊接的不同要求，实现多品种车型的柔性生产。

（3）自动化生产控制与智能设备诊断系统

采用基于工业总线技术的设备智能诊断与控制系统。这种机器人控制系统不仅可以控制机器人本体的运动，还可以对电阻焊时控器进行自动控制，发出焊接开始指令，自动控制和调整焊接参数（电压、电流、加压力、时间周波等），控制点焊钳的大小行程及夹紧松开动作。同时，也具有自动故障诊断、报警等功能，例如，电极与被焊工件粘连、压缩空气气压过低时的故障报警。

3. 机器人视觉系统

随着自动化率提高，焊装车间已基本实现由机器人自动化生产。为了提高机器人的智能化，需要利用视觉系统。视觉系统是利用机器代替人眼做各种测量和判断。它综合光学、机械、电子、计算机软硬件等多学科，涉及计算机、图像处理、模式识别、人工智能信号处理、光机电一体化等多个应用领域。机器人视觉系统在白车身焊装车间的应用越来越广泛。

（1）焊接质量的自适应控制

机器人视觉系统可在线检测白车身焊接后的几何精度。一般焊接机器人缺少对工件的自适应能力，而激光视觉传感器系统能够自动识别焊缝位置，在空间中寻找和跟踪焊缝、寻找焊缝起点/终点，实现焊枪跟随焊缝位置自适应控制。

例如，焊接工艺对车身工序及定位误差要求极高，采用视觉系统在焊装之前对车身进行定位，进而引导焊接机器人，这样减小焊接搭接边，使汽车更加轻量化；同时还可以避免使用升降滚床或移动定位工装，提高生产效率，减少设备投资。

（2）引导搬运机器人准确抓件

焊装车间零部件运输通常采用料箱和 AGV 输送小车两种方式。这两种方式的共同特点是零部件的放置位置是变化的。视觉系统可以对料箱或小车上的零件位置进行拍照定位，将位置补偿信息传输给搬运机器人，引导机器人准确抓取零件。

（3）VIN 字符对比

车辆 VIN 码在生产过程中不允许出现字符变形、缺失字符等缺陷。目前国内整车厂普遍采用人工操作打刻机打刻 VIN 字符，100% 进行在线检查。劳动强度高，另外由于视线、光线、情绪等主观影响，存在误判情况，容易出现不合格车下放。采用视觉系统的机器人打刻机打印，机器人可对打刻后的 VIN 字符进行自动对比，检测精度高，确保字符 100% 满足法规要求。

（4）胶条监控

车身结构中有很多减振、密封和粘接胶条。在白车身生产过程中，胶条的缺失对整车品质影响非常大。目前国内整车厂普遍采用抽检（机器人涂胶）、人工涂胶等方式，难免存在错误。拥有视觉系统的机器人可对涂胶情况进行实时跟踪，确保生产工序无漏洞，保证车身质量。

（5）在线测量

在白车身焊接最后一个工位，采用视觉系统对白车身关键尺寸点进行实时测量和监控，可以保证车身开启件（四门两盖和翼子板）和外观件（如前后大灯）的装配间隙和面差质量。

视觉系统为人机工程不好或人工无法介入检查的工位提供了一种解决方案。视觉系统优势主要体现在：协助机器人替代人工，提高生产效率，降低人工成本；提高焊接质量的一致性和稳定性；提高机器人抓件精确度，避免精定位料箱或小车的巨额投资；对生产过程提供实时监控，提高检查的准确率，确保产品品质。

4.1.2 焊装车间自动化控制系统架构

目前汽车焊装车间自动化控制系统一般采用"集中监控，分散控制"的控制模式。焊装车间自动化控制系统可划分为监控层、控制层与设备层的层次体系结构。各层之间相对独立，根据不同的生产要求，采用不同的网络结构，配置不同的硬件系统和软件系统，以此实现各自不同的功能。

(1) 监控层

监控层主要以 MES 为主体，包括车间监控管理系统服务器、Andon 系统服务器、生产动态看板系统等与生产管理相关的系统。车间监控管理系统服务器安放在焊装车间中控室，主要用于接收整车厂下达的生产计划，并根据现场设备采集得到的数据，制订焊装各生产线生产计划。车间监控管理系统服务器同时监控各自动化生产线的设备，并对生产过程与生产实绩进行监控与汇总，实现与上一级工厂 MES 的数据交互，其系统工作原理如图 4-3 所示。

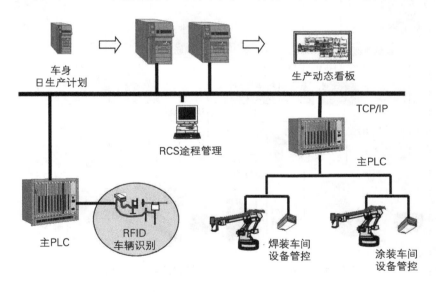

图 4-3 焊装车间 MES 原理图

（2）控制层

控制层的主要构成部分是由焊装车间自动化生产线不同区域内的 PLC 控制系统组成，如主拼线 PLC 控制系统、左/右侧围 PLC 控制系统、Andon 信息采集系统、PLC 控制系统等。控制层的 PLC 控制系统与监控层通过工业以太网交换机进行连接。底层设备的人机操作界面（Human Machine Interface，HMI）、机器人信息显示屏幕以及其他相关设备首先连接到 PLC 控制系统，PLC 控制系统再连接到焊装车间内不同区域的交换机，再通过以太网光纤把不同的交换机联结成一个车间环状网络，最后一起连接到焊装车间监控系统内。其网络结构如图 4-4 所示。

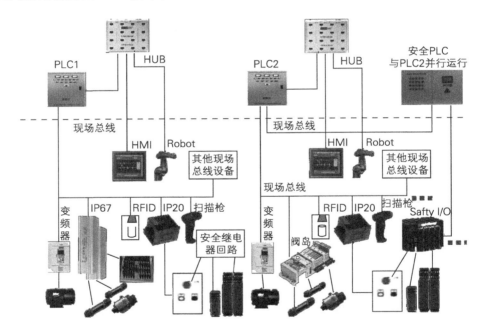

图 4-4　焊装车间控制层与设备层的典型网络结构

（3）设备层

设备层主要包括变频器、现场 I/O 模块、触摸屏、RFID 读写装置等，负责完成设备的顺序、联锁、闭环控制，完成过程参数的采集以及报警功能。

4.1.3　焊装车间 MES 需求分析

汽车焊装车间 MES 主要通过实时数据采集，对原材料、在制品、自动化设备与生产过程的状态、参数等基础数据进行实时监控、跟踪，及时发现并解决问题，实现柔性生产。同时为后期生产分析提供数据基础，以达到不断优化生产工艺和过程，提高生产效率和产品质量的目的。

（1）实现焊装车间计划执行、设备状态等底层生产数据的实时采集

通过对焊装车间生产计划的分配和下达，以及车身从上线到下线的整个焊装车间底层生产过程的实时数据采集，实现焊装车间监控层和过程控制层两者间的有效连接与现场生产调度，保证企业整体生产计划的达成。

（2）面向柔性焊装线的生产计划与作业指示管理

焊装车间的生产柔性是满足客户个性化需求的基础之一。目前，焊装车间一般采用多品种的柔性共用焊装线，同一焊装线可以生产多种车型。由于不同车型的工艺结构、焊点结构与加工工时存在差异，焊装工位的作业计划、物料配送、加工指令等也不尽相同。

因此，传统的人工管理方式无法满足柔性焊装生产线的过程控制，生产过程中极易出现等待时间长、信息反馈慢、在制品占用量大、生产不均衡以及焊点的错焊、漏焊等情况。借助先进的计算机技术、信息技术和自动化控制技术，保证焊装生产线线体上每个工位的正常加工作业，避免质量缺陷和返工，提高焊装效率和整体质量水平，实现车间平稳生产是焊装车间的管控重点之一。

（3）焊装过程与设备的可视化实时监控

焊装车间的生产自动化程度高，自动化控制设备多，生产线间以刚性连接为主。当焊接流水生产线上某一工站的设备发生故障时，由于无法实时监控设备运行状态，传统的设备故障处理流程是人工通知维修人员进行维修，并手工记录与汇总故障信息，故障响应与处理速度慢。在焊装线节拍不断加快的情况

下，极易导致整条生产线停机，或者整个车间停产，严重影响车间产量和生产节拍。

此外，焊装车间面积大、设备多，现场设备故障的发生在时间和空间上都是随机的，因此在焊装车间，设备的维修、保养和设备管理的要求很高，为了实时监控产线和设备状态，保证焊装线异常的实时处理，以便最大限度地缩短停线时间，建立完善的设备监控、维护和信息管理系统非常必要。

（4）面向精益智能的生产管理报表

焊接车间通过对计划、进度、设备、产量等数据的自动统计处理，替代过去需要很长时间的手工抄报统计工作，实现车间生产管理的自动化。同时，MES 也为车间提供生产动态调度的手段。通过系统了解当前车间各生产线、各部分生产状态，及时发现生产瓶颈，开展设备故障预测预警，这对焊装车间推行精益化生产方式有着至关重要的作用。生产异常时的停线机制、异常信息实时发布手段、停线后修正方法等需要专门规划。

4.2 焊装车间 MES 设计

4.2.1 焊装车间 MES 架构

焊装车间 MES 一般分为数据采集、系统控制和用户输出三部分，主要由线上采集工具、网络传输、LED 显示屏、监控计算机和管理计算机组成，网络传输采用光纤环网，实现数据的实时采集与可靠传输，其网络结构如图 4-5 所示。

数据采集主要通过设备 PLC、RFID 读写器等在线数据采集工具，实时采集和传输生产线与设备的运行信息、设备故障信息、车身焊点信息和操作人员信息等各种底层数据信息。

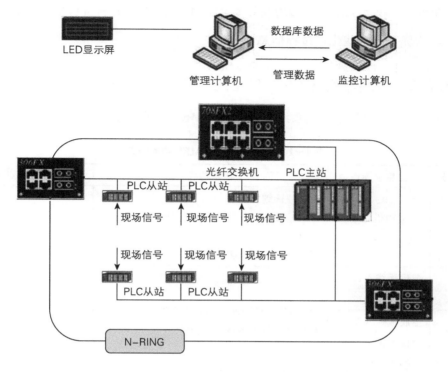

图 4-5　焊装车间 MES 网络结构

网络传输主要由监控计算机（工控机）和 PLC 主站以及光纤环网构成。监控计算机通过 OPC 服务器与 PLC 主站连接，并在 PLC 过程 I/O 映像区中为每个目标数据分配唯一明确的地址。PLC 主站根据控制地址对采集的现场数据进行整理和打包传输。经光纤环网将数据传送到后台系统服务器的中央数据库，保证数据的一致性。

管理层由管理计算机、监控计算机和 LED 显示屏等构成。数据库中的信息经过数据转换，将数据信号通过数据库中控制地址表的对应关系，转换为具体的设备信息，在管理计算机上可以实时显示车间的计划执行情况、工位的设备状态、故障信息以及打印各种报表，并能够通过现场的 LED 屏、HMI 监控界面、报警灯等进行信息发布、输出。

过程监控人员可以通过监控计算机查看生产过程信息，包括计划执行情况、设备运行状态、设备故障报警信息等。现场操作工人则可以通过线体旁的 LED 显示屏了解这些生产过程信息。

4.2.2 焊装车间 MES 功能组成

根据焊装车间各生产线系统业务需求，MES 功能需求见表 4-1。

表 4-1 汽车焊装车间 MES 功能清单

序号	信息控制点	信息功能	数据采集点
1	发动机舱线入口	日进线计划发行 BAR CODE 吊挂（PGS 系统）挂车身牌 车身号打刻 焊装进线（W/I）实绩收集	○
2	前底板线入口	使用 TCP/IP 协议与 PLC 设备联机 对焊接机器人下达焊接指令	○
3	后底板线入口		
4	主底板线入口		
5	右侧围入口		
6	左侧围入口		
7	焊装主线入口及出口	B/I 车身进线实绩收集 落后车管理报表管控	○
8	白车身完成品区 WBS 入口及出口	WBS 搬入搬出规格使用 TCP/IP 通信与 PLC 设备连线 WBS 存车管理 B/O 白车身下线实绩收集 生产信息电子看板	○

1. 车间作业计划与指示

通过 ERP 系统、MES 与底层自动化控制系统进行系统集成，在 MES 车间计划中根据 ERP 系统下发的生产计划，自动生成或人工制订焊接车间的作业计划。MES 车间作业计划通过以太网传给底层 PLC，线体电控系统根据作业指令中的车型顺序进行焊装。生产线体的工位看板、监控 LED 显示屏等电子显示终端同步显示作业指令。

同时，底层的工控机计算机自动生成上件点的物料配送计划。通过现场网络传送到每个上料工位的 LED 显示屏上，也可通过打印机将每个工位的物料配送打印出来，人工传递给现场生产人员。

2．车身识别与数据采集

焊装车间的生产环境恶劣，条形码在焊接过程容易损坏污染，不易被识别。人工方式进行车身信息采集的效率低。焊接过程中的车身识别可采用 RFID 技术对焊接车体进行自动跟踪。RFID 车身识别系统的工作原理如图 4-6 所示。系统通过 RFID 可以实现车序/实绩的数据采集，生产远程控制以及生产设备连网。

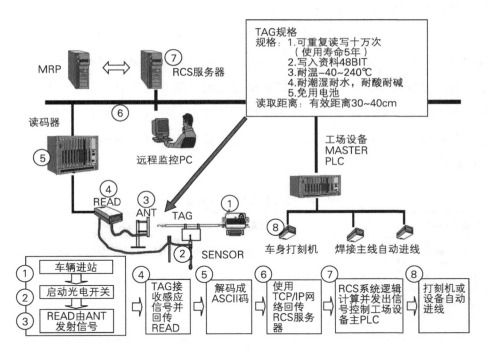

图 4-6　焊装车间车身识别系统工作原理

RFID 车身识别系统载体安装在滑橇上。在焊接过程中，对焊接车体进行自动跟踪，自动将焊接车体上的标签信息采集到 MES 中，不需要人工扫描。焊接工位可根据车型识别系统识别的信息自动进行焊接程序和焊接参数的切换，提高生产效率。此外，焊装生产线上件机器人具有车型自动识别能力，能根据生产计划选择相应车型的零件，一旦零件错误或缺少零件，该机器人停止工作并且报警。同时，对焊接工艺的质量进行监控，对各工件的焊接工序进行实时采集并上传至数据库系统中。在每一个工件完成组焊、补焊等工序之后，通过工位上部署的读写器读取绑定在车身上的 RFID 信息。

发动机舱总成工位是计划安排的起点。发动机舱被放置在生产平台上时，扫描 VIN 码，并将信息传送给 PLC 控制柜。根据 PLC 或 PMC 数据库中存储的车身生产顺序，MES 根据车型信息选择对应零件，判断机器人是否进行零件抓取。当信息判断正确后，控制系统向机器人发送执行信号，机器人执行零件抓取。系统同步将 VIN 码信息传递给下一生产工位。

主焊线第 1 个工位设置 VIN 码扫描点，将表 4-2 中的车型信息通过系统传送给下个工位。第 2 个工位根据信息提前判断，做好夹具、焊接参数、焊接程序的切换准备工作。当车身到达第 2 个工位时，通过车型检测传感器设备读取滑橇上的车型信息，并与第 1 个工位传递的信息进行核对。如果车型正确，则切换参数和程序；如果错误则报警。后续工位以此类推。整条生产线实现任意混流生产。

表 4-2　焊装车间 W/I 点车型信息示例

采集点：W/I				采集日期：			2017-03-08	
序号	批次号	车身号	VIN 条形码	车型	车型编码	工艺路线	采集时间	采集状态
1	XXXXX	XXXXX		S6	XXXXX	商用车线	16:01:39	Y
2	XXXXX							
…	…							

3. 生产过程监控

焊装车间 HMI 监控界面主要显示线体上每个工位的车身型号信息和设备报警信息等，如图 4-7 所示。

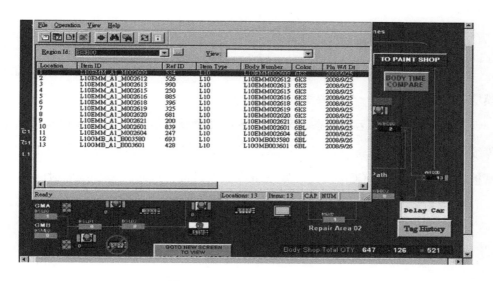

图 4-7　焊装车间过程监控示意图

如图 4-8 所示，上料工位 LED 看板主要显示当前工位要加工的车身型号、该型号车身数量以及后续车身型号和数量，以提醒操作人员准确上料，并做好后续车型的上料准备。

当前车型：	□□□□□	□□辆
后续车型：	□□□□□	□□辆

图 4-8　焊装车间上料工位 LED 看板示意图

车间监控 LED 显示屏主要显示当前日期时间、线体实际节拍、时间开动率、实时产能、计划完成情况以及设备报警信息等，如果同时出现多条信息，则滚动显示。其结构如图 4-9 所示。

节拍：____s/辆		时计划生产____辆	__年__月__日
开动率：____%		时实际生产____辆	__时__分__秒
今日计划	车身型号	日计划生产	日实际生产
报警：____工位有报警！			

图 4-9　焊装车间现场看板示意图

4. 设备报警监控

设备故障信息是设备维修和分析设备运行状态的重要依据，设备报警监控模块是焊装 MES 的一个重要组成部分。

①实时监控设备运行状态，采集、显示故障报警信息，图 4-10 是设备故障维修处理流程，设备一旦出现故障，可以及时通过现场的报警灯和 LED 电子看板显示故障信息，CCR 人员通知设备维护人员进行维修，减少维修时间。

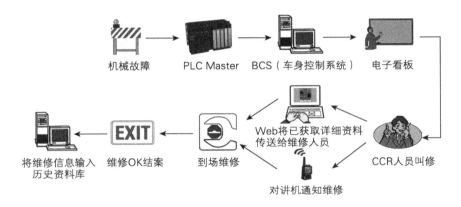

图 4-10　焊装设备故障 MES 处理模式

②自动记录故障报警信息。

③设备报警信息和设备维护信息统一进行数据库管理，自动生成各种报表，可以对故障报警信息进行历史记录查询与分析。

设备故障的 MES 业务流程如图 4-11 所示。通过现场数据信息采集网络的搭建，实时采集设备运行状态信息，监控设备故障报警信号，自动记录故障报警信息，并将报警信息统一存储于数据库中，以便后期的设备报警记录查询与分析。

为了方便现场操作人员及时准确掌握故障信息，缩短设备故障维修时间，系统设置可视化监控界面。系统采用计算机可视化建模仿真技术，利用颜色和形状模拟现场设备具体情况，将现场设备与界面中的监控元一一对应起来，并通过系统的数据采集和传输机制，将两者实时地连接起来。设备的报警则表现为对应监控元颜色的变化，即监控元的颜色将变红且持续闪烁，直至报警解除为止，单击该监控元即可获得设备故障信息，监控界面如图 4-12 所示。

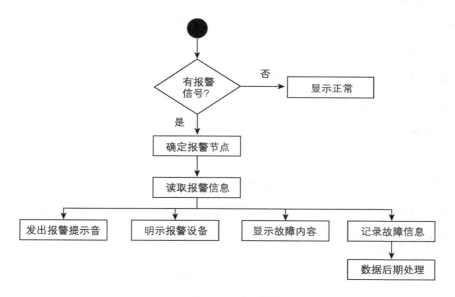

图 4-11　焊装设备故障的 MES 业务流程

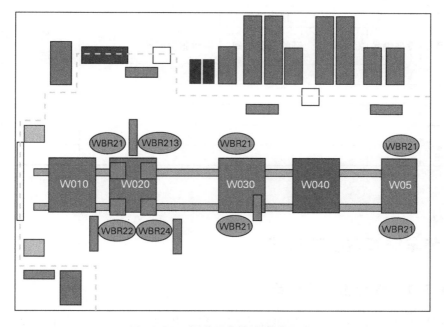

图 4-12　焊装设备状态监控画面

第 4 章　焊装车间 MES

设备维护人员在完成设备维修工作之后，将维修记录实时录入 MES。系统自动对设备报警的各项数据进行汇总，分析设备的状态和生产性能，并将这些数据信息存储到后台的设备数据库中，形成设备报警历史档案。

①主要设备的故障记录日志。

②设备按照故障发生类型，进行周、月、季和年统计。

③主要设备的故障率和稼动率。

④各条生产线的故障率和稼动率。

⑤全车间设备的故障率和稼动率。

用户可以对设备故障信息进行查询统计，将设备故障报警信息以各种报表视图的形式显示出来，如表 4-3 所示的设备报警信息报表。这些报表是综合分析设备性能，进行设备维护的依据。

表 4-3 设备报警信息报表

XXXX 公司			工作站编号		时间范围：		
			工作站名称				
			报警次数		页码:第　页,共　页		
序号	设备编号	报警类型	开始报警时间	解除报警时间	报警时间	报警描述	解决方法
1							
2							
3							
备注							

4.3 焊装车间精益物流模式

4.3.1 焊装物流计划策略

焊装车间各条生产线都是机器人进行自动化生产，零部件的工艺设定与物流动线一般采用计算机辅助系统完成。物料的及时流动和各种不确定性因素的及时控制是焊装车间生产执行控制的难点。

一般情况下，这些分线和主生产线间的物流衔接主要两种方式。

（1）直接衔接

直接衔接就是分线与主生产线直接连接，中间无手工环节，由机器人搬运分线成品零件，并将零件直接放在主生产线上进行装配和焊接。分线和主线之间的传送带或传送链上存在少量库存。例如，侧围和主线之间设有少量的零件安全库存，该库存主要用于预防侧围分线故障或生产调整所带来的风险。

（2）间接衔接

焊装车间在进行排程时，针对车门等分线生产计划，如不按主线顺序生产，会导致线边成品零件高库存。如按顺序生产，当物料品质问题等异常时，又容易出现停线风险。因此，一般情况下，这些分线会提前投入生产，产出的零件放置在料架上，而后由拉料系统或物流人员将分线的零件运送到主线进行装配。这种衔接方式中间库存较高，一般在 40~80 件。

针对上述两种衔接方式，现场物流操控需要采用不同手段：

①对于直接衔接，MES 必须严格控制其投料顺序，即按照计划员排产的顺序进行投产。

计划部门综合考虑涂装和总装的情况，制订最终排产顺序，即订单排列顺序。每个直接衔接分线线头都会有电子终端，用于接收上层计划部门的系统排产数据。生产线获取排产数据后，会将数据显示给生产线上的操作工人，以指示工人放置什么样的零件供机器人使用，同时机器人夹具也需要由相应的传感器进行扫描，确认零件是否匹配，保证装配和焊接操作的正确。

同时，排产的数据也会由相应的设备（大部分整车厂采用 RFID 技术），将信息写入滑橇的芯片中，而滑橇是随车身在线上行走，这样就能在生产线上的各个工位读出车辆信息，并指示机器人抓取什么样的零件和指示工人进行何种操作。

②对于间接衔接，可以不必要严格控制。线上的车辆需要和排产的数据一一对应，以此保证焊装车间能够按照计划部门统一制订的排产计划进行生产。

但当生产现场发生延迟时，焊装车间也需要加以弹性应对，进行排产的动态调整。因此，焊装车间 MES 的车序和控制管理模块需要提供车间计划员自行排产的能力，但该功能必须根据上层系统的生产计划，不能超出整车厂整体的生产计划进行随意排产。

4.3.2 焊装物料配送计划系统流程

物料配送计划的最终目标是实现 JIT，即适时适量。焊装车间的物料配送计划就是在多品种共用柔性焊装线的情况下，满足不同车型在不同焊装工位的物料要求，制订实时、准确的供料计划，为物料 JIT 供应提供依据。焊装车间物料配送系统逻辑如图 4-13 所示。

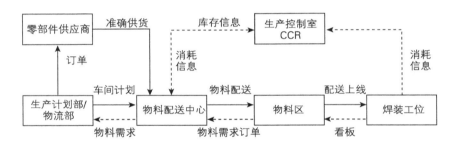

图 4-13 焊装物料配送系统逻辑

MES 在得到焊装车间生产计划后，首先通过产品作业计划信息、产品工艺结构等 BOM 信息、产品工序时序信息等，计算确定物料需求计划。然后结合仓库库存物料信息、工位/线边物料库存数量，确定实时物料配送信息，包括零件名称、零件代号、配送数量、配送时间、配送地址代码等。在此基础上，生成车间物料配送计划，用于指导物料配送部门执行及时、准确的物料配送操作。物料配送计划的关键包括物料需求计划的制订和生成基于工位的实时物料配送计划。

(1) *物流需求计划(MRP)*

MRP 的运算数据来源于主生产计划、库存数据和产品 BOM。MRP 是根据产品 BOM 和主生产计划，计算得到自制件和采购件的需求进度计划。它通过分析主生产计划需要生产的产品和数量、为满足生产任务需要用到哪些零部件、现有零部件的库存是多少、缺少的零部件数量和供应时间以及如何安排采购和制造订单的下达时间等主要问题,计算相关物料的需求量与需求时间。

(2) 制订基于工位的实时物料配送计划

焊装车间生产的车身由主板、底板和侧围等分总成,以及其他部件和零件焊接而成。只有保证各分总成焊装线以及主焊线各工位所需物料在时间、数量上的供应,才能按照计划完成白车身焊装。在物料需求计划的基础上,通过分析产品结构BOM、工艺BOM和车间制造BOM等数据,构建物料配送BOM,见表4-4。

表4-4 配送BOM数据结构

工位代号	工序代号	零件代号	库位号	数量	供应商代码	配送时间
W01	CX01	S001	KW001	8	NH48	091720
W02	CX02	S003	KW003	17	CT48	091915
W03	CX03	S004	KW004	15	SM48	082132
...	...	...	...	...	...	...

在表4-4的基础上,建立如图4-14所示的配送BOM与派工单的关联关系,最终确定物料与工位在数量与时间上的对应关系。

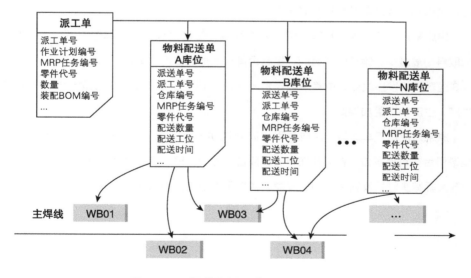

图4-14 焊装物料配送与工位关联图

案例 某公司焊装合件/分总成10台份物料拣选与配送模式

某整车厂2003年拟投入量产一款V系列汽车，在焊装车间采取新的车间布局和物流送料模式。在焊接主线旁的各合线与分总成线采取中小物钣金件以10台份模组化供料台车送线，因此将各合线与分总成线的线边铁质料架（或料箱）送线方式改成中小物模组化供料台车送线。如果一个焊接工位上需要8种中小物零件，原方式是采用8个铁质料架（或料箱）放置在该工位旁，现在优化为台套式模组化供料台车。

10台份拣配区具体作业模式如下所述：

①根据车型类别与焊装工位类别设置SPS拣配区，中小物的零件区分合件、分总成件及焊装零部件，依照零部件的取料顺序设置库区，作业人员根据顺序取10台份用量的物料放入模组化供料台车。

②牵引车每10台份牵引送线，如焊装线的T/T是3min，送货周期即为30min。

③MES每30min指示1次，焊装物料根据拣配清单进行拣配，按10台份进行送线。

采取10台份送线的优点如下：

①大幅压缩减少铁质料架（料箱）的物流放置面积，原来需要8个库位变成只需要1个库位，大幅减少焊接车间物料仓储面积。

②由原来是8个料架（料箱）位置依次取料，变化为从一个台车位置取料，作业人员走动取料距离减少，缩短取料时间，提高设备与人员的生产效率。

③送料模式发生改变，由原来的定量不定时变成固定节奏的定时定量送料，实现节拍化生产，生产负荷更加均衡。

④原来需使用叉车送料，改成牵引车同时拉动一个区域的台车送料，大物尽可能使用交换牵引台车料架发货（料架放在有轮转换台车上），只有特大物使用叉车送料。

⑤大幅减少灯号及看板拉动的设置，减少了中小物拉动的频次。

第 5 章　涂装车间 MES

5.1 涂装车间工艺流程与业务需求分析

5.1.1 汽车涂装生产工艺流程分析

汽车涂装工艺主要采用磷化、电镀、喷漆等永久性防锈方法，保护车体不受锈蚀，保证车辆内外板件的安全性与耐久性。同时，汽车外观是影响汽车消费者的重要因素，涂装可以保证车身在色差、光亮度、鲜艳度等方面的外观质量，提高产品竞争力。因此，涂装工艺是汽车生产流程中的重要工艺之一。

涂装车间一般由一条主涂装生产线构成，其主要工作是根据生产订单要求，为白车身喷涂不同颜色的油漆。焊装车间完成的白车身是涂装生产的投入，空车身是涂装车间的产出。涂装主要包括电泳、密封胶、中涂、面涂四大关键核心工艺，其中面涂工艺为车身喷涂不同颜色。汽车涂装工艺流程如图5-1所示。

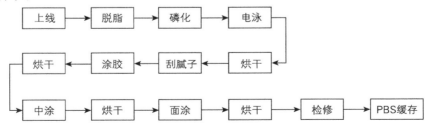

图5-1 汽车涂装工艺流程

其中，前处理是在喷漆前对白车身进行深度清洁，去除表面尘埃、油污，以增加电泳漆的附着力，同时使白车身表面平整并具有一定的粗糙度，实现涂层平整美观，并防止涂层起泡、龟裂、剥落等缺陷的出现。前处理包括水洗、脱脂、磷化等基本工序。

电泳是将白车身浸渍在电泳涂料槽中，通过电解、电泳、电沉积、渗透等四种化学物理作用，使涂料中的树脂、颜料在被涂物表面上形成漆膜。电泳漆是车体钢板上的第一层漆膜，其主要作用是防腐蚀。

涂胶（即密封）是在车身需要防止水渗入的部位涂密封胶，防止焊缝渗水透气、提高车身的耐蚀性、密封性和隔热性能。

中涂用于填充电泳漆表面，改善白车身表面的平整度和光滑度，提高涂膜的丰满度，使之具有一定的耐热性和紫外线隔绝性，保护电泳底漆。中涂打磨用于去除前道工序产生的颗粒、缩孔等缺陷，提升涂层附着力。

面漆分为色漆和清漆。色漆装饰和保护车身外板，同时决定车身最终的颜色；清漆增加车身的光泽度，提高车身耐蚀性。涂装车间的生产管理重点关注如何满足面漆生产工艺的需求。在面漆工位，当涂装生产序列发生颜色变化时，即前后两个连续生产的车辆喷涂颜色不一致时，喷枪就必须更换油漆颜色，喷漆机器人的喷头需要重新清洗。清洗喷枪费时费力，降低生产有效时间。

烘干是在电泳、面漆喷涂等工艺流程之后都要立刻执行的重要环节。烘房一般采用天然气燃烧加热，U形通道通过控制冷热风量来控制烘房温度，车身在输送系统的牵引下通过接近200℃的烘房，实现车身快速干燥的目的。

通过上述工艺环节，质量检验合格后，车身即可通过输送系统进入下一车间进行总装生产。

汽车涂装相比于冲压、焊接、总装其他三大工艺更为特殊。其生产危险性较大。涂装环境的好坏直接影响着产品质量，风速、照度、洁净度、温度、湿度是汽车涂装中最常监控的因素，它们对环境和产品质量的影响最为明显。因此，涂装车间对涂装环境和安全的要求更为严格。

5.1.2 涂装自动化生产系统

涂装车间的自动化程度是工艺水平的主要体现，也是影响生产成本的关键因素。涂装车间自动化主要包括物流输送自动化、喷涂（喷胶/喷漆）自动化、工艺参数自动控制、工件自动识别与控制、数字化管理等方面。

涂装车间的自动化控制系统主要负责整个现场控制层所有设备的运行控制与信息采集，其系统结构如图 5-2 所示。

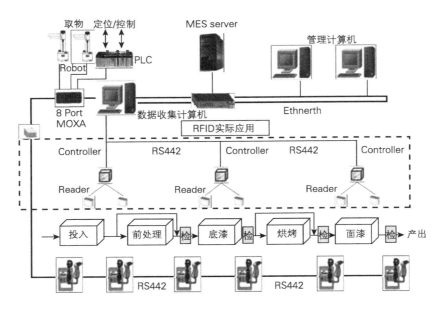

图 5-2 涂装 MES

汽车涂装车间的设备控制系统主要针对工艺系统、输送系统、辅助系统、安全系统的过程控制点进行信息采集，发布控制指令，实现伺服电动机、电磁阀、风扇、电泵等设备执行机构的自动化运行控制。

根据生产工艺设备的不同与所处空间位置的不同，涂装生产线工艺过程控制系统划分为不同的控制子系统，如前处理控制系统、磷化控制系统、电泳烘房控制系统、涂胶控制系统、面漆控制系统、面漆烘房控制、系统打磨室控制系统、点修补控制系统等。各个子系统采用 PLC 作为信息处理中心，负责本区域内的所有信号处理与设备控制。PLC 系统的各主从站的 I/O 部分分散完成信息的采集，PLC 的 CPU 部分进行信息处理，执行机构负责生产指令的具体执行。

传送车身的自动化运输链系统贯穿整个涂装车间，从前处理开始经过电泳、烘干、喷漆等所有涂装环节，直到涂装完成。单个输送子系统内的设备组成如图 5-3 所示，涉及电控柜、PLC 控制系统、用于信号感知的各类传感器、电动机及其控制器、滚床、升降机、显示屏等。输送系统内通过触摸屏来进行信息显示和人工输入控制信息。

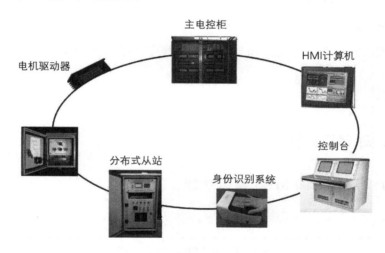

图 5-3　涂装输送控制系统

5.1.3　涂装车间 MES 需求

涂装车间设备自动化和集成度相对较高，具备现场数据采集的基本条件，工艺流程及物料通用化程度高，涂装车间 MES 需求主要包括以下内容。

（1）车身识别与路由控制

用户差异化的需求给涂装生产提出了新的要求。汽车涂装车间的自动化目前已基本实现不同型号、颜色、规格尺寸的车身在同一条生产线上进行生产。自动识别不同的车型是涂装工艺柔性化的关键。

（2）过程可视化监控

涂装车间由于采用全自动化生产运行方式，生产现场的管理以过程可视化监控为主。过程监控的主要需求包括：

①系统运行方式要求自动运行和手动操作两种方式相结合。

②用户监控界面美观，且易于操作。

③过程监控的实时性要求高，能够动态显示水槽的液位、阀泵的开关状态、温度、电导率值、液位、机运系统的状态等。

④系统具有自动报警功能，并能记录故障时间、原因等信息。

⑤系统能定时或即时打印故障信息。

⑥系统具有自动保存数据和与其他应用程序交换数据的功能。

5.2 涂装车间 MES 设计

5.2.1 涂装车间 MES 整体功能

涂装车间 MES 功能见表 5-1。

表 5-1 汽车涂装 MES 功能

序号	信息控制点	工程线名	信息功能	实绩采集点
1	T/I 涂装进线入口	前处理线	空车身上线 备件及备件车身上线 实绩收集 落后车管控 报表管控 电子看板	○
2	底漆打磨线出口	打磨线	空车身及备件下线	○
3	打胶线入口	打胶线	打胶机器人作业指示	

(续)

序号	信息控制点	工程线名	信息功能	实绩采集点
4	中涂入口及出口	中涂线 (车色指示、喷涂设备生产指示)	涂装机器人设备联机 落后车管控 报表管控 备件及备件车身下线 中涂实绩收集 途程管理	○
5	面涂入口及出口	面涂线 (车色指示、喷涂设备生产指示)	涂装机器人设备联机 落后车管控 报表管控 面漆备件下线 面涂实绩收集 途程管理	○
6	补修入口及出口	精修线	打印车检卡 直行车实绩 整车返修实绩 面漆评审车上下线实绩 小修车下线实绩	○
7	调序线入口	—	整车返修 直行合格车实绩	○
8	涂装完成下线PBS入口	PBS存储区实绩记录，PBS搬入设备联机	电子看板 PBS搬入设备联机 涂装完成下线实绩收集	○
9	涂装控制室	—	控制室查询 落后车管控 报表管控	

（1）生产进度管理

生产进度管理主要负责生产实绩和线上库存车台数的采集，管理者使用查询画面，实时掌握生产实绩、落后车状况等。此外，车间生产人员可根据车身条码在工位级 MES 客户端查询具体的车身信息,以便对车身信息进行直观把握。

(2)喷涂作业指示

喷涂作业指示的工作原理如图 5-4 所示。MES 扫描采集中涂/面涂进线白车身上的 RFID 标签信息,通过 PLC 设备联机和 TCP/IP 通信协议将进线车型信息反馈到 MES。中涂/面涂喷涂机设备根据车色指示进行喷涂。喷涂完成后将生产实绩信息反馈至 MES。

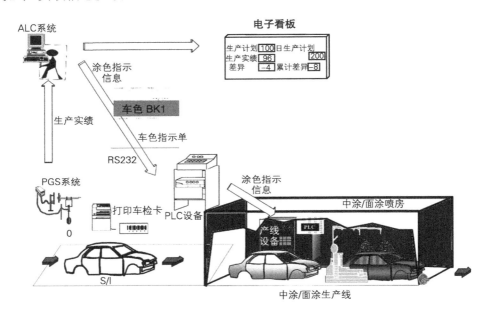

图 5-4　汽车喷涂作业指示的工作原理

(3)PBS 管控

MES 管控 PBS 进线别,提供 PBS 搬入线别的信号,使用 RS232 与 PLC 设备通信。

(4)表单输出

系统打印质量记录的车检卡。此外,系统自动输出多样化的报表,如落后车管控报表。这些报表可以帮助生产管理者掌握每个时段每种车型的生产情况，借助相关分析曲线确定生产过程中的瓶颈，为生产调整提供依据。

此外，车身粘贴作业指示票在车间生产中必不可少。为保证作业指示票与车身信息的精准匹配，同时降低人工工位作业量，采用MES进行作业指示票的自动打印。其基本工作原理如下：

①车体到位后，机运系统通过其与AVI的网桥将车体到位信号传送至AVI的PLC，PLC控制自动扫描枪扫描车身条码信息，扫描后将此信息传至PLC，PLC控制RFID读写站进行读写，将条码信息写入滑橇载码体，完成后进行读写校验，无误则AVI发送放车信号给机运系统。

②AVI的PLC同时触发中控室上位机组态软件，通过脚本运行将车身信息写入中控室的存储数据库和工厂级存储数据库。

③MES读取工厂生产级数据库中的车身数据，生产现场的系统客户端连接打印机，自动打印出作业指示票。

5.2.2 涂装数据采集与应用

1. 涂装工艺数据

一般涂装工艺数据采集清单见表5-2。

表5-2 汽车涂装工艺数据采集

设备	数据采集参数	录入方式	备注
电泳线	槽液温度、pH值、电导率、液位高度	自动采集	显示/存储实时数据
	压差、流量、滤袋或超滤膜清洗/更换时间	人工录入	现场记录
	FAL、TA、FA、固含量、滴水电导、颜基比、泳透率等	人工录入	化验室人员录入
烘干室	烘烤参数	自动采集	出具每台进出时间、升保温时间
喷漆室	温湿度、风速、压差	自动采集	显示/存储实时数据

涂装工艺数据的系统应用主要包括：

①对工艺参数的变化趋势进行直观分析，当接近极限值或超出工艺控制范围时，系统提供警报信息，并自动推送至相关责任人的邮箱或手机。

②支持工艺方案、作业指导书的系统发布和更新，自动读取订单信息、PLM 工艺通知和 ERP 系统的 BOM 信息。

③用于订单信息/工艺通知。在车辆抵达相应工位时，在工位级电子看板中自动推送并切屏循环播放。

2．涂装质量数据

涂装车间提供现场质量检验数据工作站，用于质检人员录入涂装质量信息。该信息将自动存入涂装车间的车身质量数据库。涂装质量数据及其应用一般包括：

①形成订单号、车型、车号、各工序开/完工时间、工位号、操作者、原材料（名称/品牌/批号）等信息在内的整车涂装生产档案。其中，操作人员和原材料信息可通过扫码方式自动获取，并与其他信息直接绑定。

②在整车电泳、密封交车、中涂交车、面漆交车、涂装总检交车等质量控制点，通过 MES 的质量检验数据工作站，对质量问题与处理方式进行录入，根据不同的质量问题，通过系统进行相应处理操作，如本工序处理、下工序处理和让步接收等。

③膜厚、光泽、DOI 等涂膜数据按一定规则进行测量后，通过无线自动上传和手工导入两种方式与 MES 相连接，系统能够对不同油漆的涂膜数据进行统计分析、对比评判等。

④在钣金车进口、涂装车出口的旋转辊床位置安装摄像头，采集整车外形状态图（侧面+前围），用于追溯车辆的原始状态。

⑤涂装完工车辆的文档打印，包括涂装过程档案、质检报告和合格标签。

⑥质量统计与查询。通过系统实时画面查询车间内每辆车体的质量情况，方便质量管理人员分析频繁发生的质量问题，从而对相关工艺进行更新；另一方面可以让返修和点补等工段的人员快速了解车辆返修的原因，对症下药，并且为车辆终身的质量跟踪提供初始数据。

3．涂装能耗数据

涂装车间是整车厂大型非标设备最集中的区域，涉及水、电、天然气等资源。涂装能耗管控不仅可以降低生产成本，还有利于绿色生产，因此科学的能源管控对于整车厂的节能降耗和可持续发展具有重要作用。涂装车间的能耗数据采集明细见表5-3。

表5-3 汽车涂装能耗数据采集

设备	能源介质	示例
电泳线	水、电	燃气消耗检测图
烘干室	电、天然气	
打磨室及除尘室	水、电	
阻尼胶室及发泡室	电	
喷漆室	水、电、气	单车能耗变化趋势
附件涂装	水、电、气	
平移车加旋转辊车	电	
照明	电	

通过安装电子式计量装置，采集设备水、电、天然气的消耗，通过统计与智能分析，及时发现生产过程中的跑、冒、滴、漏等现象。

设备能耗的有效利用率和产出量是评价产线负荷能力的重要指标，见表5-4。通过能耗数据指标分析，可以及时发现设备所存在的短板和生产线的瓶颈，为设备的合理利用、维护保养和优化改善提供量化依据。

表 5-4　汽车涂装工序能力数据分析

设备	有效占用依据标准	设备有效利用率	产出量
电泳 U 形线	任一吊具正常载车	载车时间/前处理泵体运行时间	下线数
中途机器人	机器人运行	喷涂时间/总运行时间	有效占用 15min 以上的产量
烘干室	占位+燃烧机运行	占位时间/燃烧机运行时间	
喷涂室	占位+风机运行	占位时间/风机运行时间	
发泡室/阻尼胶室/打磨室/除尘室	占位+风机运行	占位时间/风机运行时间	
平移车	载车+运行	载车时间/总运行时间（含空载）	载车台数

5.2.3　车体自动识别系统(AVI)

1. 上线数据采集

AVI 是整车厂柔性生产的基础，能够增强涂装生产线控制系统的控制柔性，满足涂装混流生产需求。AVI 系统作为车间设备控制层，在涂装车间流水线生产过程中，AVI 系统用于跟踪车身信息，利用车身信息进行工艺指导、自动调配、精确定位；记录各线体车身品质信息；多线体自动分配路由并记录路由信息；对生产节拍、车身信息、产量、质量、报表等信息的生产过程监控；协调与控制涂装质量、计划、物料、产量，使涂装生产、控制与管理过程更加协调、流畅；提高涂装车间的自动化、信息化水平，提高生产效率。概括来讲，AVI 主要提供对车间生产件的识别、校对、指示、反馈等功能。

（1）自动路由功能

在涂装车间内某些车身运行的分道口和存储区，AVI 系统根据车体的颜色、车型、套色颜色和橇体信息，确定该区域当前车体或者橇体应当选择的路线或道次，发送给如图 5-5 的机运系统，实现分流生产。AVI 提高了涂装车间的自动化水平与柔性生产能力。在混线生产时，AVI 实现车辆在存储区的自动批次编组，大幅提高存储区后续工位的生产效率。

图 5-5　涂装车间机运系统实例

(2) 设备作业指示与防错

涂装生产计划是根据客户订单制订的。喷涂过程中如车型颜色识别发生错误，会导致车身损伤和颜色错喷，增加制造成本，影响订单交付。对涂装车间而言，MES 可以提高涂装的自动化水平与生产准确性。为喷涂机器人提供车型信息和颜色，实现自动喷涂；为涂胶机器人提供车型信息，实现自动涂胶功能；为清洗机器人提供清洗信息，实现滑橇自动清洗功能。

例如，从 MES 数据库中读取湿打磨出口到面涂入口的车身信息队列 A，与面涂入口 AVI 传至机器人的车身信息进行比对，车身信息在队列 A 内，则数据正确；反之，机器人报警。操作人员比对实际信息，确保机器人得到的车身信息准确。队列 A 中已比对的车身信息（进面涂的车身）会自动移出队列，保证每次比对信息的唯一性，车身识别系统的防错原理如图 5-6 所示。

(3) 实时跟踪车体位置和信息

MES 通过采集 AVI 数据服务器内的 PLC 车体数据，可以监控涂装车间内各个 AVI 站点状态，并对其进行控制。生产管理者通过 AVI 系统对车型进行跟踪，监控画面如图 5-7 所示。实时的动态画面便于掌握整个车间的过车情况，了解当前订单的生产状况,快速查找、跟踪车辆当前所在具体工站位置,帮助相关人员及时了解特殊订单车、试验车或者有严重质量缺陷车辆的具体位置,方便进行特殊处理,协助特殊车辆进行人为干预或者进入特殊路线,提高涂装车间的柔性生产能力。

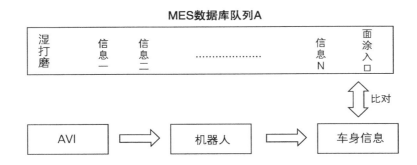

图 5-6 汽车车身系统防错原理

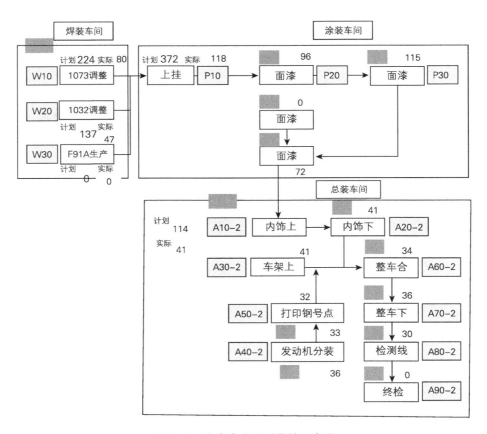

图 5-7 汽车车身实时监控示意图

2. 一般车身识别技术

在车身识别过程中，由于涂装车间的酸碱性介质和高温环境，容易造成条形码的损坏，无法识别有效信息，需要人工扫描条形码。此外，在面漆工艺前需要对条形码托盘进行人工分流，影响生产效率。考虑低成本、易维护和抗干扰性等因素，AVI系统主要是通过车型条码的识别和滑橇唯一性标识的读取来实现。

(1) 编码盘

涂装车间AVI系统一般是基于高温光学识别系统。如图5-8所示的穿孔扫描方式较为常用。这种方式由安装在地面上的照相机和车身滑橇上的编码盘组成，用于检测车辆款式、颜色和工序完成情况等车身信息，驱动机运系统自动把车身按照不同型号、颜色放置到对应的位置。

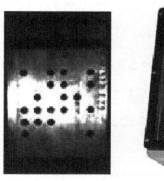

图5-8 穿孔矩阵和扫描仪

(2) 钢条码

钢条码的工作原理是采用对射式或反射式光电开关采集钢条码上的信息。这种方式具有结构简单、易于维护、成本低和抗干扰性强等特点。在每个台车上都安装有钢条码。钢条码按照设计的编码规则进行加工打孔，钢条码编码一般采用二进制，钢条码的编码实例如图5-9所示。

图 5-9　钢条码示例

图 5-9 中的数字 369 为二进制数转换为十进制的显示效果，钢条码两端的孔为读写判断位；从右数第二个孔为偶校验位，确保钢条码上面的孔为偶数，这也就要求所有的钢条码在加工时保证孔的个数是偶数，否则视为钢条码读码错误。从右侧第三个孔往左数，到左侧倒数第二个孔，共 9 个孔位为数据位，左侧为高位，右侧为低位，9 个孔位数据即为二进制数据 101110001（即 369）。这也是钢条码读写器的编码规则，该编码规则固化在 PLC，以此实现车身信息采集。

3．基于 RFID 的车身识别技术

随着 RFID 技术的成熟，越来越多的整车厂采用 RFID 技术进行车身信息采集。RFID 可以在涂装恶劣环境下实现数据的自动采集，同时具有很好的兼容性与稳定性。RFID 的工作原理如图 5-10 所示。

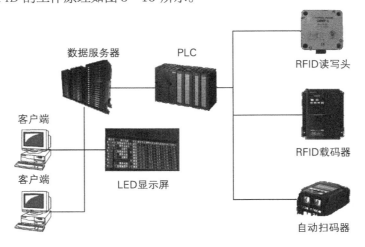

图 5-10　RFID 工作原理

AVI 系统主要依靠安装在车体滑橇上的载码体和固定在车间关键位置滚床上的 RFID 天线进行车体识别和跟踪。每一个 RFID 天线称为一个 AVI 站点，负责对载码体进行读写，并将读写信息通过底层设备控制传输网络传送到 PLC。对于关键的 AVI 站点通常会设置现场操作客户端，方便故障排除和特殊操作。涂装车间内滑橇上均安装有一个载码体，载码体中记录滑橇承载车体信息，包括车型、车体需要喷涂的颜色、发生过的质量问题、车体批次号和车体序列号等。车体的信息在涂装车间上线处，即第 1 号 AVI 站点写入载码体，直到车间下线口或换橇后被清除。写入载码体的信息将被作为这辆车的车体信息，在车体经过整个车间的过程中被识别跟踪。

当车体经过某个 AVI 站点时，机运系统将停止机运链的运行，向 AVI 系统发送车体到位信号。AVI 系统接收到到位信号后，触发 RFID 天线进行载码体的读写，并将信息发送给 PLC。PLC 会将该信息传输至服务器，服务器提供实时的画面显示，并将信息存储至数据库。完成读写操作后，AVI 系统会向机运系统发送车体放行信号，在某些需要进行路由选择的 AVI 站点，AVI 系统还会通过 AVI 服务器向机运系统发送路由信息。机运系统收到放行信号和路由信号后，就会放行车辆。

涂装车间 AVI 站点分布与具体工艺流程、设备自动化和滑橇类型有关。例如，涂装机器人使用区域包括中涂外板和面涂外板，机器人根据车型颜色的不同需更换喷涂轨迹和车身颜色，车身信息来源于 AVI；车身载体设备有 C 形吊具、U 形吊具、喷漆橇和烘干橇，当车身需要更换吊具、滑橇时，车身信息需要重新录入新的载体。AVI 站点主要分布在各人工线体出入口、多线路由、喷涂设备和载车吊具滑橇更换处，MES 站点主要分布在前处理入口和各人工线体出口，两系统的站点分布于整个涂装车间，如图 5-11 所示。

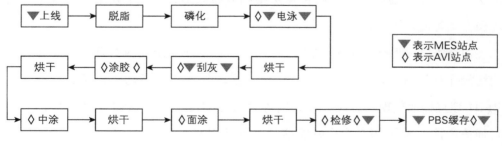

图 5-11 AVI 与 MES 站点分布

由于涂装生产工艺的特殊性，对 RFID 具有以下特殊要求：

①读写头采用超高频设计，工作频率为 840~960 MHz，可在较短的读写周期内进行更多的数据交换，满足快节奏、大数据处理的需求，读写效率高，加快车辆进出站的速度，从而为整车厂提高产能提供保障。产品采用标准现场总线接口，能够与主控 PLC 的组网，提高控制效率。

②载码体需要符合可耐受涂装工艺最高 250 ℃的高温要求，保证在高温环境下不丢失数据，反复高温环境使用可达数千次。此外，针对涂装工艺多粉尘、强电磁干扰等复杂恶劣的工业环境，要求能够真正适应工业现场环境，稳定可靠工作。

4. 基于 RFID 的 AVI 系统架构

AVI 系统架构一般采用集中监测、分散控制的系统结构，系统分为监控层、控制层和设备层 3 个层次。

①监控层位于最上端。该层主要包括采集服务器、AVI 服务器、AVI 监控机和打印机等，放置于中控室。监控层设备通过工业以太网同现场 PLC 控制器进行通信连接，PLC 采集数据以画面和文本方式在 AVI 监控画面上显示，实现车体监控、故障显示、参数配置、用户管理、数据采集存储、统计分析、报表打印等功能。

②控制层是 AVI 控制系统核心，由 PLC、以太网模块、总线模块、输入模块和输出模块组成。它通过工业以太网与监控层设备连接，实现信息采集和控制功能。同时，通过底层控制传输网络和分布式 I/O、AVI 数据采集设备、现场操作站等底层设备连接。

③设备层位于整个系统架构的最下层，是 AVI 系统的执行环节。主要包括现场操作站和信息采集装置。I/O 模块、自动扫描枪、手动扫描枪、载码体、RFID 等直接通过现场总线、以太网等底层控制传输网络与控制层中的 PLC 进行通信连接，执行 PLC 指令并将信息反馈至 PLC。

监控层与控制层之间采用工业以太网和 TCP/IP 协议进行通信连接,将信息快速地在设备之间进行传输和交换。控制层与设备层之间通常根据 PLC 的品牌和通信协议的不同选择合适的网络,如 Profibus、DeviceNet 和 EtherNet/IP 等。AVI 系统架构如图 5-12 所示。

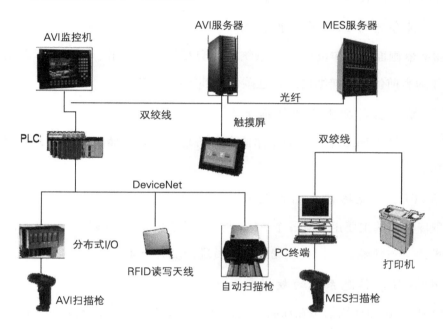

图 5-12 AVI 系统架构

AVI 服务器负责数据的采集和分配,现场机运 PLC 负责数据的采集与设备控制。PLC、AVI 应用服务器和 AVI 数据库服务器之间依托以太网进行数据传输。PLC 和 AVI 应用服务器的数据传输是双向的,主要通过 OPC 服务来实现。AVI 服务器通过 OPC 服务访问 PLC 内的数据。AVI 应用服务器对车体信息的处理主要是通过脚本来实现,路由计算完成后,通过 OPC 服务将路由信息写入 PLC。

AVI 系统一般采用 PLC 作为系统主站,光纤以太网与上位机交换读写数据,通过设备层网络控制现场的 RFID 读写,以及与机运 PLC 和机器人 PLC 交换数据。机运 PLC 根据 RFID 读取的车型信息控制输送路径的选择,机器人

PLC 根据 RFID 所读的数据选择车型及颜色，使相同颜色、相同车型的车身能够批量进行生产操作。同时也将车间各工位的生产信息进行记录和显示，并生成相关报表。

AVI 系统的数据交互内容主要包括：

（1）服务器与 PLC 的数据交互

服务器画面是操作员与 AVI 系统进行交互的界面，用于实时显示车间内每个车体的当前位置和详细信息，这些信息都来源于 PLC。

（2）服务器与数据库的数据交互

服务器将从 PLC 采集到的车体信息和质量信息等存储到数据库，以报表形式输出。

（3）PLC 与现场客户端的数据交互

现场客户端主要用于对各个 AVI 站点进行参数设置等操作，显示 PLC 的报警和网络节点故障等，以便现场操作人员进行及时处理。

（4）AVI 与信息系统的数据交互

MES 下达的计划信息在涂装上线口 AVI 站点写入滑橇载码体的车体信息。另外，AVI 系统在涂装下线口 AVI 站点将下线车辆的信息发送到 MES，用于总装零部件的准备。

（5）AVI 与机运系统的数据交互

机运系统是 AVI 系统的主要接口系统，为 AVI 提供准确的车体到位信号。在车间的路由点，AVI 系统服务器通过设定好的路由规则，经过脚本计算确定当前车辆的路由信息，发送给机运系统。机运系统根据该信息进行选道，实现机运链的自动运行。

（6）AVI 与喷房机器人的数据交互

在喷房入口的 AVI 站点，AVI 系统可以为喷房机器人系统提供当前进入喷房车辆的车体信息，机器人根据车体信息，自动选择正确的喷漆颜色和喷涂方式。

5. 基于 RFID 的涂装业务流程

RFID 读写器通常布置在需要识别车身信息的工艺段，RFID 标签一般安装在吊具和滑橇上。涂装车间各个生产环节的信息采集点如图 5-13 所示。涂装车间入口处、车身分岔处、工艺段转接处等工位会安装 RFID 读写器，RFID 读写器读取电子标签信息中的车身信息，将车身信息通过现场 PLC 采集到 AVI 服务器。

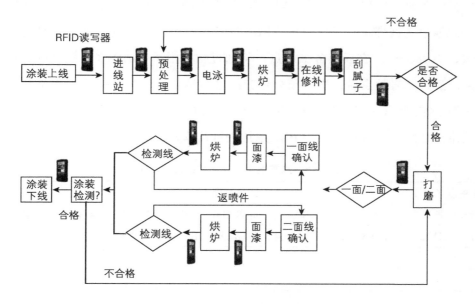

图 5-13　涂装车间 AVI 数据采集点分布

（1）涂装车间 AVI 数据采集的一般流程如图 5-14 所示。

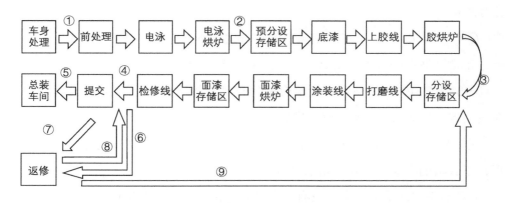

图 5-14　涂装车间 AVI 数据采集流程

第 5 章　涂装车间 MES

①1 号 RFID 采集站点。设置该站点后，可以对车身在涂装车间的位置进行详细跟踪。

②2 号 RFID 采集站点。主要功能是进行滑橇 RFID 和车身条码的绑定。2 号站点是整个涂装车间唯一一个设置有条码扫描枪的站点。在 2 号站点，条码枪扫描的条码信息和 RFID 读写器采集的滑橇编号存入服务器数据库，并进行绑定。通过数据绑定，滑橇上的 RFID 条码成为涂装车间内滑橇和车身的唯一标识，见表 5-5。在后续各个站点，将通过扫描滑橇 RFID 来读取对应的车身信息。通过 2 号站点后，进入预分色存储区。通过读取车身信息，将不同颜色和车型的车身进行分色和分类存储。分类规则由人工系统设定，AVI 服务器负责确定分色路由，也可由机运 PLC 系统进行计算分色。

表 5-5 汽车涂装 C/I 点数据绑定示例

采集点:C/I								
采集日期：								
序号	批次号	车身号	车型	车型编码	颜色	工艺路线	采集时间	采集状态
1	XXXXX	XXXXXXX	S6 白车身	XXXXXX	BK-01	喷房	9:10:18	Y
2								
…	…							

③3 号 RFID 采集站点。读取滑橇 RFID，从服务器中得到绑定的车身信息。根据车身条码内的车型和颜色信息，AVI 服务器进行计算、分色、分类和计算路由。

④4 号 RFID 采集站点。精修后的车身进行路由给定，对车身标志位进行标记，正常合格车经过 4 号站点直接去报交，进行最后质检。

⑤5 号 RFID 采集站点。质检合格的车辆直接送到 PBS 或总装车间，车身在该站点和滑橇 RFID 条码解除绑定。

⑥6 号 RFID 采集站点。精修后的车身进行路由给定，对车身标志位进行标记，不合格的车身经过 6 号站点进行小修。

⑦7 号 RFID 采集站点。设有 1 个钢条码读写器，报交工位质检后不合格的

车身，由报交工段进行路由给定，通过 7 号 AVI 站点进行小修。

⑧8 号 RFID 采集站点。小修完成后的车身返回到报交工位，进行再次质检确认。

⑨9 号 RFID 采集站点。对于小修不合格的车体，在车身信息标志位进行标记，通过 9 号站点，经过返修路线再次进行喷涂。

通过上述站点设置基本可以实现车体自动识别的功能。如需更准确的车体跟踪，可通过增加 RFID 读写器站点的方式加以实现。

（2）AVI 系统套色车自动喷涂流程

套色车喷涂工艺路径如图 5-15 所示。需要套色的车体和正常车一样，在喷涂色漆之前的工艺路线与正常车没有区别，但是套色车所需的套色部位和套色颜色已记录在 MES，套色车和正常车一起从焊装车间 WBS 进入涂装车间后，经过前处理电泳、电泳烘干、涂胶、焊缝密封、中涂喷漆、中涂烘干、中涂打磨。

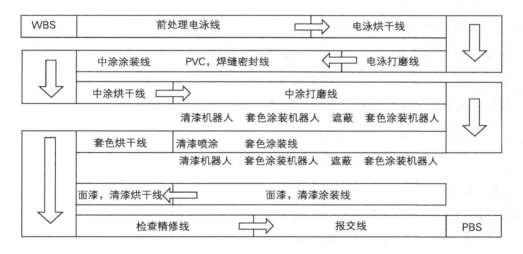

图 5-15 套色车工艺流程图

通过中涂打磨线后滚床上的 AVI 天线，读取滑橇上 RFID 标签信息，识别出套色车与正常车，AVI 系统 PLC 通过以太网将信息传递给机运系统 PLC，将套色车转入套色涂装线，正常车转入清漆涂装线。同时 AVI 系统 PLC 通过以太网将套色车的车型、套色颜色、套色部位传递给机器人PLC，实现自动喷涂功能。最终经过烘干线，进入检查精修和报交线。

（3）AVI系统的滑橇自动清洗流程

机运系统滚床上的AVI天线，通过读取滑橇上RFID标签信息，AVI系统PLC自动计算滑橇进入喷漆室的次数，识别出待清洗橇体。AVI系统PLC通过以太网将移出清洗指令传递给机运系统PLC，通过移行机将需清洗滑橇输送到滑橇清洗线进行清洗。不需要清洗的橇体进入正常线。

因此，AVI系统具有车型识别、颜色控制、物料分配和自动输送的能力。这种能力在不增加设备投入的同时，通过提高滑橇输送的自动化和智能化程度，实现涂装生产线的高效与柔性。

6. AVI系统与MES的关系

AVI系统是汽车MES的核心子系统，二者联系说明如下：

（1）AVI系统是MES车间计划排产的参考

MES通过与上层ERP系统的数据接口，获取整车厂的订单信息、生产计划等。AVI系统通过涂装车间MES生产计划，获取车型、颜色和套色等信息。同时，根据AVI系统车体跟踪信息，可以进行车间排产，从而在MES计划模块与底层设备控制系统架起一座桥梁。

（2）AVI系统为MES传递信息

AVI系统不仅实现对车间生产件的识别、校对、指示、反馈，而且利用MES的生产计划信息控制输送路线、物料调配，同时向MES的物料管理、质量保证等其他模块传送车体信息和质量信息。

例如，PBS下线区的广播功能为总装车间的物料拉动提供依据。AVI系统自动读取PBS区当前出车信息，并与MES总装生产计划进行比对，可以提高总装车间进线车体的精准率，降低总装的停线率。

（3）改善分析与指标考核

AVI系统与MES都有各自的信息采集站点，站点分布于整个生产车间。两系统将各站点的过车数据传输至 MES 数据库，通过过车数据共享，为查找、分析、解决生产问题和进行直通率、可动率、精准率等指标考核提供依据。

①生产异常分析。对于生产异常，可根据各线体过车信息进行合理的生产安排；对于品质异常类，由于车间存在多线体双线生产，当发现车身品质异常后，可通过 MES 精确查找到车体在各线体的过车信息，对问题原因进行追溯；对于设备异常类，通过 MES 查找各线线体的过车时间间隔，结合车间生产节拍，找出线体空位原因，计算设备有效利用率，进而为维修保养计划提供依据。

②绩效指标考核。各线体出口 AVI 站点和 MES 站点的结合，可以进行品质信息的录入，根据离线车的数据记录，计算各线体的直通率；车间计划节拍与线体各站点记录的过车信息比对，计算出各线体的可动率，车间可动率以报交车可动率为依据；涂装车间精准率是根据总装车间进线车号顺序与焊装车间进涂装车间车号顺序进行分析得出，通过进出涂装车间两个站点过车数据即可进行考核。

综上所述，MES 通过对涂装质量、计划、物料、产量进行协调控制，使涂装生产过程更加高效。AVI 系统具有数据采集、处理以及物流规划能力，因此 AVI 系统是整车厂 MES 的核心子系统。AVI 系统可以有效提高整车厂生产车间的自动化、信息化水平，提高生产效率，实现节能降耗。

5.2.4　生产过程监控系统(PMC)

生产过程监控系统（Production Monitor & Control，PMC）的主要作用是读取 PLC 监测到的设备运行状态、模拟量采样数据等信息，根据这些实时数据，在屏幕上动态显示整个生产车间的运行情况。一旦发现故障报警信息，系统发出停线报警，向底层设备 PLC 发出停机等设备控制指令，保存并记忆故障发生的时间、区域和机状等原始数据，同时可根据客户需求，保存历史数据，提供相应的报表输出。

1. PMC 系统架构

涂装车间生产设备监控系统总体上采用"集中监视、分散控制"的典型模式。依据这一原则，整个 PMC 系统分为三个层次，即计算机中央监控系统层、设备 PLC 控制系统层和现场总线系统层。每个层次中使用不同的网络结构及软硬件配置，以实现各自的不同功能。

计算机中央监控系统一般采用客户机/服务器（Client/Server）的结构方式，通过服务器与现场 PLC 进线数据通信，直接接收从 PLC 采集的有效信息，建立监控系统数据库。操作现场工作站作为 Client 节点，从服务器中读取数据库内的信息，通过可视化界面对设备的运行状况进行实时监视。此外，监控数据管理工作站读取 PMC 服务器数据库内的相关数据，进行数据处理与统计分析，提供统计分析报表。

现场 PLC 站之间通过 PLC 网络实现数据信息的传送和交换。根据车间工艺流程和生产控制要求以及现场位置情况，通常将 PLC 主站设在涂装车间的中央控制室，通过以太网与各工作站、底层设备 PLC 站相连，通过 PLC 上的以太网模块实现 PLC 之间的数据信息传送和交换。

以三菱 Q 系列 PLC 为例，说明现场数据采集方式。采用 H 网模块组成 PLC 网络。根据车间工艺流程、生产控制要求以及现场位置情况，在中央控制室设立 PLC 主站，通过 PLC 主站上的以太网模块、网络交换机与计算机相连。现场 PLC 需要监视的数据通过编制程序写入三菱 H 网网络元件中，网络上的每一站读取网络元件中的数值。中央监视计算机通过以太网卡、网络交换机和中控室 PLC（三菱 H 网控制站）上的以太网模块连接，数据交换在中央监视计算机与中控室 PLC 之间进行。针对现场仪器仪表，采取组建 RS485 网络与中控室内 SCADA 服务器进行数据传输。

2. 可视化过程监控

根据涂装车间的工艺流程、工艺参数和监控要求，系统监控画面主要包括以下部分。

(1) 监控系统画面

①监控系统主画面。如图 5-16 所示,监控系统主画面显示整个车间的工艺流程,从车身车间入口到总装车间按功能划分工位,显示各工位数据信息。如缺车时间、堵车时间、生产停止开关和安灯造成的停线时间、其他因素停线时间、通过某工位的车体数量等,离线电泳打磨/离线中涂打磨/离线点修补的进、出车体数量、大返修的车体数量、当班的生产时间和一次合格率统计等。

图 5-16　涂装监控系统

②AVI 系统主画面

显示车间中各个 AVI 站的实时数据信息(读取的条码信息和读取时间)、各 AVI 站的工作状态(OK、ERR、R/W)、条码位置(所在设备号)、该位置是否有车等信息。

(2) 前处理设备画面

①总布置图。按现场工件实际运行顺序显示出该设备的所有功能模块的数据信息,如槽体液位、槽液温度、室体的送排风运行状况、摆杆输送链的运行状况、设备的报警信息、整个设备中的车体数量以及一些相关设备的运行状况。

②原理图。根据设备的管路走向图显示在 PLC 中有信号的泵、阀的运行状况以及设备中关键部分的浊度仪、电导率仪的数据信息。

(3) 电泳设备(包括电泳周边设备:纯水设备、超滤设备和冷冻设备等)

①总布置图同前处理总布置图。

②电泳设备。按电泳设备布置图，根据现场工件实际运行顺序显示该设备的所有功能模块数据信息，如槽体液位、槽液温度、室体的送排风运行状况，以及设备报警信息、设备中的车体数量等设备运行信息。通过画面监控，及时了解电泳过车全过程，对过车中的重点信息进行提示，如电泳槽的液位、温度、整流电源高压段电压、整流电源低压段电压等，并可针对以上参数建立历史记录，为报表查询提供数据。

③纯水设备。根据设备的管路走向图显示在 PLC 中有信号的泵、阀的运行状况，水箱的开关量液位报警信号的显示以及设备中关键部分的流量计、电导率仪、pH 计、压力变送器等的数据信息。

④冷冻设备。根据设备的管路走向图显示在 PLC 中有信号的泵、阀、冷水机的运行状况，以及水池的液位、水的温度等信息。

(4) 烘干设备画面

①总布置图。显示各烘炉的温度、炉内车体数量、天然气工作状况以及报警信息等。

②烘干炉。根据设备的平面布置图显示该烘炉的工作状况、天然气的高低压报警、泄漏报警信息、焚烧炉工作状况、各区风机运行状况、设定温度值、实际温度值以及在 PLC 中有信号的各种阀门运行状况等。

(5) 涂装设备画面

①总布置图。根据设备的平面布置图显示各泵的运行状态、刮渣机的运行状态等相关信号。

②集中供漆。根据设备的平面布置图显示各罐的开关量液位报警信号、管路中漆温、水温的报警信号、在 PLC 中有信号的泵、阀的运行状况、液压站油

位状态、粗细密封各段的加温、超温信号等。

(6) 空调送排风设备画面

根据设备的平面布置图显示送排风机和喷淋泵的运行状态以及相关信号等。

(7) 机运系统画面

根据设备的平面布置图显示滑橇输送系统各区的单链、双链、移行机、旋转移行机、电动滚床、旋转滚床、升降机等设备的运行状态、前处理电泳摆杆链的运行状态以及机运系统的报警汇总等。此外还需要显示小修室、大返修路线、质量检查等工位上的设备运行状况和报警信息。

(8) 车间生产统计画面

①班制统计。以天为单位显示各班制的每小时产量、实际工作时间、计划产量、实际产量、停机总时间等。

②车间统计。将整个车间按工艺流程分成若干个连续的单元块,如前处理到电泳、密封到中涂、中涂打磨到面涂等,显示各块的当前车体数量,同时显示电泳烘房、密封胶烘房、面涂烘房的当前车体数量,电泳空滑橇、涂装空滑橇的当前车体数量。

(9) 控制柜状态画面

显示整个涂装车间 PLC 网络系统里每个控制柜的工作状态,如自动、手动、报警以及各个现场操作站的工作状态。

(10) 报警汇总画面

显示整个车间设备的报警信号。

第 6 章 总装车间 MES

6.1 汽车总装工艺

6.1.1 汽车总装工艺流程

总装是整车制造的最后一道工艺。车身经过冲压、焊装、涂装后进入总装车间。总装车间以车身为基本骨架，进行底盘、发动机、电子产品等整车零部件的装配。总装车间的核心是总装组装生产线。总装车间的组装生产线通常可以同时生产不同规格、颜色、型号的多种车型。

根据整车产品结构的不同，总装生产线分为承载车身装配线和非承载车身装配线。承载车身装配线一般由内饰线、底盘线和最终装配线组成；非承载车身装配线一般由驾驶室（或车身内饰）装配线、底盘线和最终装配线组成。总装生产线不仅是一条物流线，还是所有汽车零部件物流的终点。图 6-1 是汽车组装的一般工艺流程。

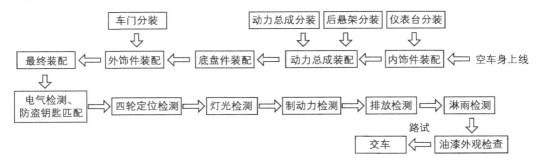

图 6-1　汽车组装工艺流程

涂装车间生产的空车身通过积放式悬挂输送机运输到 PBS 车身储存线，由 PBS 取出的空车身进入总装生产线进行装配、检测。根据工艺分工，汽车总装生产流程与生产线主要包括：

①前仪装线。主要进行车门附件、仪表板、空调、隔热垫、地毯、顶棚、A/B 柱护板/整车车身线束、前/后风窗玻璃等零部件的装配。

②底盘装配线。主要进行动力总成、后轴总成、排气管、制动油管、油箱、车轮等零部件的装配。

③后仪装线和整车调整。主要进行前/后保险杠、前照灯、四门护板、后视镜、制动液、动力转向液、空调、防冻液/清洗液的加注、座椅装配，四门两盖的调整、发动机预热等工作。

④整车性能检测。主要包括整车的四轮定位、灯光检测、侧滑、转毂及制动试验、淋雨密封性试验、路试、尾气排放测试等。

⑤整车进行最终检查并交车。

总装生产线的基本工作单元是工位，所有的装配加工都在工位进行。在各工位规划有相应区域，用于摆放零部件、SPS 台车、设备和工具台车等。生产线各工位通过工位间的自动传输装置实现连续的流水线生产。总装流水线以一定速度移动，各工位上的作业时间符合一定的节拍要求，车辆在各工位的作业时间相同或者接近节拍时间，以此避免某些工位因任务堆积造成工时损失。此外，作为异常应对方式，各线均有少量车身储备。

6.1.2　汽车总装柔性化生产

柔性生产一般是指整车厂能够在总产量不变的前提下，通过调整各个车型的生产比例，采用多车型混线生产的方式来满足市场需求的变化。例如，一条生产线年产能为 20 万辆，共生产 4 个车型，那么对这条柔性生产线而言，可以在不超过 20 万辆的前提下，根据市场需求灵活调整 4 个车型的产量。从广义上讲，柔性生产线是一种可以灵活应对新车型切换的生产线。在导入新车型时，柔性生产线只需适当调整或改造，即可以通过较小的投资和最短的周期来生产新车型，使生产线的利用最大化。随着汽车市场日趋多样化和个性化，柔性混线生产已经成为整车厂汽车制造的主流生产方式。

(1) 总装工艺模块化

整车装配基于模块化思想，主要通过零部件分装模块化来进行装配，如仪表板模块、动力总成模块、后桥模块和四门分装模块等。将可分装的总成模块剥离出主生产线，可以减少主生产线的零件装配数量，增加主生产线员工装配的空间，降低主生产线作业工时和减少主生产线人员作业量。零部件模块化分装具有分装线同步及时性好、分装线先行检验、质量问题先期发现、排序供货错误率低、多车型混线程度高、主生产线提速和扩产空间大等优点。

总装车间采用模块化装配，采用模块分装和总装的生产装配模式。分装模块的装配通过单独的装配工站或装配分装线来完成，之后再在总装线的相关工位装配到整车，实现装配的并行化生产。由于车型和订单配置需求的不同，车门模块、仪表板模块、前保险杠模块、天窗模块、前桥模块、后桥模块和发动机模块等的零件规格和装配工艺变化较多，需要精确的装配信息用于控制装配。此外，分装线与总装主生产线的同步生产也需精确的JIT控制，即在总装线的集成工位上，实现正确的分装模块在正确的时间装配到正确的整车上。

(2) 总装通过性

总装通过性包括生产线通过性和设备通用性。

①生产通过性。由于不同车型的车身结构存在差异的可能，车身在生产线上的定位点、支撑点等均会发生变化，需要通过生产线通过性分析，对车身在生产线的关键定位点尺寸进行限定，如内饰线滑板、底盘线吊具、转挂支撑进行通过性校核。

②设备通用性。总装车间的生产设备主要包括输送设备、玻璃涂胶、底盘分装、底盘合装、系统性能测试、液体加注、整车检测、关键力矩拧紧和电器功能检测等。例如，气密检测及加注设备对于汽车制动液、冷却液、制冷剂等管口有匹配性要求，加注壶口尺寸需要与设备保持一致。在总装生产过程中，工装设备的通用性是提高总装生产柔性化的关键。工装设备的通用性可以让装

配人员将更多的精力用于关注过程质量。

(3) 配送物流同步

冲压、焊装和喷涂车间自动化程度高，而总装车间则以人工装配为主，作业人员多。汽车组装所需的零部件多，各种零部件的体积和重量又各不相同。随着车型增加与混线生产，如何将各种零部件及时、正确配送到所需生产工位是一个关键问题。为了提高总装生产的柔性化，总装生产过程中目前正逐步推广如图 6-2 所示的生产与物流模式，通过 JIS 排序供货和 SPS 物流配送等先进物料操控模式，提高多车型混线柔性化生产的物流效率。

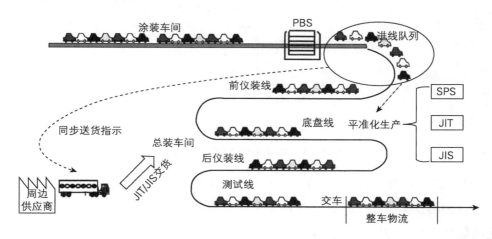

图 6-2 总装生产与物流同步模式

本章后续将以整车厂一个单位流的生产指示及物流拉动的实际案例做介绍，以帮助读者进一步了解整车厂同步指示与物流拉动模式的运作细节。

6.2 总装 ALC 生产控制系统

6.2.1 ALC 系统结构与功能

汽车混线生产的顺序控制管理要求生产线设备与系统的自动化连接。以某整车厂总装车间 ALC 系统结构为例进行说明，如图 6-3 所示。总装线由 PBS、底盘分装线、车门分装线、完成线、动力总成分装线、仪表板分装线、发动机分装线等组成。控制系统采用集中监管、分散控制的模式，整个系统分为三层，即监控层、控制层和设备层。

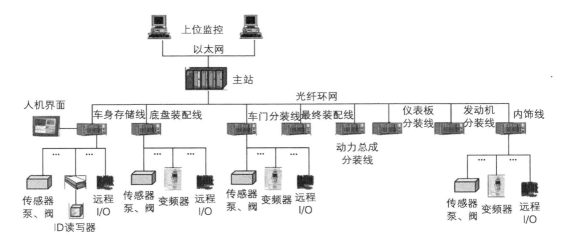

图 6-3 总装车间 ALC 系统架构

①监控层由安装在中央控制室 CCR 的工作站组成。系统连接采用通用的以太网，并通过安装在控制系统主 PLC 上的以太网模块实现与设备控制层各 PLC 间的数据交换。通过工作站与管理层的计算机网络进行连接，管理者可以查询生产实时信息。

②控制层通过以太网络，将总装线各工段的 PLC 相连接实现数据共享。ALC 系统无需专用网络指令，可靠性高，维护方便，信息容量大。PBS 区的 HMI 人机界面通过现场总线连接，实现对该工段的过程监视与现场控制。

③设备层采用开放性的现场总线，分别与 PBS、底盘分装线、车门分装线和内饰线的 PLC 等连接。现场总线通过双绞线将现场的传感器、泵、阀、ID 读写器、变频器及远程 I/O 等设备相连，实现分散控制、集中管理。

6.2.2 ALC 系统功能

ALC 系统的主要功能包括：

(1) 接收生产顺序计划

总装车间采用排序生产，ALC 系统需要获取生产相关的顺序和信息，如生产订单号、车型 VIN 码、交车发运参数等。在此基础上，ALC 系统生成工程位差深度、生产线别代码、进线顺序管理码、配置参数、拉动时间等信息。

(2) 发布生产与物流指示

生产指示主要包括空车身上线指示、发布生产控制卡与广播单等。总装车间根据空车身上线指示安排车身上线，车辆状态数据根据各监测点扫描进线管理卡上的条形码来获取，广播单发布给生产主线、分线、SPS 区、物料拣配区，以及按顺序交付的供应商和发动机工厂等。

(3) 设备控制

设备控制功能主要包括 PBS 设备控制，控制空车身上线顺序，以及总装车间的扭力设备、灯选设备等设备控制。

(4) 整车状态监控

整车状态监控功能是指收集车辆在组装生产过程中的生产信息，如车辆当前位置、车辆当前状态、生产进度状态等。

(5) 质量控制

质量控制功能是指发布检测表，检测数据采集，将检测结果用于提升组装过程的质量。同时，进行交车控制，发布交付标签和 VIN 标牌，管理轮胎、安全气囊、发动机、变速器等相关信息。

ALC 系统通过对总装车间生产线各控制点进行管控，采集进线队列信息，收集生产实绩，提供装配信息指示和同步物流指示，实现按平准化生产顺序的零部件 JIT 拉动。表 6-1 是 ALC 系统实现总装车间平准化生产与物流平准化拉动的功能。

表6-1 总装车间 ALC 控制点功能表

序号	信息控制点	信息功能	实绩收集点
1	PBS-IN 入口	PBS 搬入管控 实绩收集	○
2	PBS OUT（Line Sequence 进线队列）	提供同步生产及 同步物流指示单参考点	○
3	T/I（前仪装进线点）	扫描上线条码 打印装配作业指示单 生产电子看板	○
4	C/I（Chassis In）底盘进线点	扫描上线条码 生产指示	○
5	E/G+T/M 动力总成上线点	上线扫描	○
6	F/N 最终装配线入口	扫描条码	○
7	R/O（后仪装下线）	工程深度参考点 实绩收集 生产电子看板	○
8	检测线入口	实绩录入	○
9	淋雨线出口 S/K （Shower Ok，漏水测试完成）	漏水测试完成实绩收集 生产电子看板	○
10	终检入库口	实绩录入	○
11	各分装线（车门、自动变速器、 发动机、前动力总成、仪表等）入口	打印作业指示单	○

6.2.3 ALC 数据采集流程

1. 上线数据采集

上线工位是总装线最开始的移载作业区，即空车身由 PBS 进线队列移载至前仪装线的工位。此工位是总装线生产过程跟踪监控的起始点，车辆在总装车间的档案数据在此建立。以 T/I 上线点为例，ALC 系统的数据采集信息见表6-2。

表6-2 总装车间 ALC 数据采集信息示例

	采集点:T/I					采集日期:		2017-0312	
NO	批次号	车身号	管理号	车型	车型编码	颜色	工艺路线	采集时间	采集状态
1	×××	×××	×××	S6	×××	BK-01	前仪装线	10:08:18	Y
2									

从涂装完成后的空车身已有唯一识别号,用于标识唯一对应的订单信息。在上线工位,订单识别号和 VIN 码绑定。VIN 码是车辆有法律效力的产品唯一识别码,用于车辆上牌等。绑定完成后,会在总装后续工位刻印到车身上,整车出厂后产品追溯主要通过 VIN 码进行。

在总装入口点扫描订单标识码进行车身识别,数据传输至 MES 相关模块,直接触发 MES,将相关工艺控制参数等传送至设备过程控制系统,并现场打印装配指示单和 VIN 码。同时,直接发布订单信息给各个分装模块点,开始模块的分装配。

整车装配清单具体包括该订单主要的零件装配信息,用于指导相关工位装配,此清单将粘贴在发动机盖上,并在车辆的整车流程卡上粘贴 VIN 条码。表6-3是底盘分装的装配清单示例。

表6-3 底盘装配清单示例

底盘配置清单						
管理码:		车型代码:		车辆型号:		
打印时间:		车型名称:		VIN 条形码:		
序号	件名	件号	序号	件称	件号	
1	发动机总成		2	压缩机总成		
3	变速器安装梁		4	暖风管路总成		
5	暖风管总成		6	制冷管路		
7	后桥		8	…		
…	…		…	…		

2. 总装过程数据采集

(1) 零部件数据

在整车装配过程中，零部件装配到车身时，重要零部件的信息采用一对一的实时采集，并与 VIN 码、订单识别号绑定，零部件过程采集机制如图 6-4 所示。在总装生产线，完成车下线点是整车装配结束的控制点，下线后车辆进入车检测试区。下线前必须确保所有重要零部件信息已经被采集并保存。

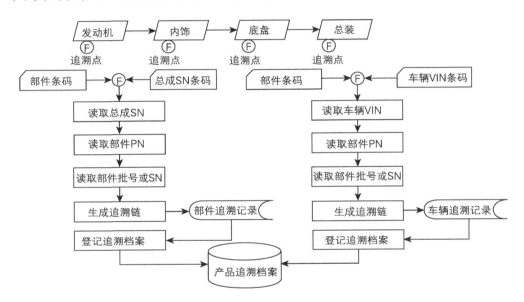

图 6-4　总装车间零部件数据采集机制

(2) 生产进度数据采集

生产进度数据采集如图 6-5 所示，主要包括总装各工程及完成下线的生产实绩收集，用于生产进度统计、同步送料指示和车身号指示单打印等。

图 6-5　总装车间生产进度数据采集

(3) 质量数据采集

车辆从后仪装下线（Roll Off，R/F）到测试线进行漏水测试，如出现问题，需修正后重新进行漏水测试。滞留时间大于设定值时，打印落后车管控表。系统自动产生各班的漏水不良率及不良原因分析报表。

3. 报交工位数据采集

总装车间的整车下线报交工位是整车生产流程的结束。如果在零部件装配时不进行重要零部件的信息采集，就需要把零部件信息记录到整车流程卡上。重要零部件的信息统一使用条码方式存储，在下线报交工位的条码采集点对条码进行扫描，实现需要零部件信息的一次性数据采集，防止在检测过程中发生返修替换，并留下追踪记录。

整车合格证系统属于 MES 的一部分，其业务流程如图 6-6 所示。车辆合格下线，合格证系统根据整车的订单识别号或 VIN 码，得到订单具体信息，完成车辆合格证、免检单、车辆装备单、燃油标识等随车资料的打印，并将合格证信息上传至数据中心。整车厂通常会自行开发合格证打印系统。

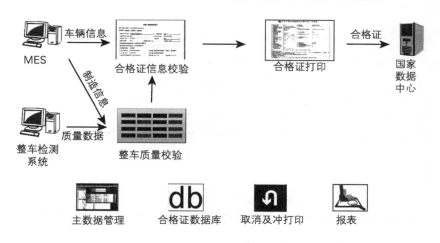

图 6-6 整车合格证系统的业务流程

合格证系统的主要功能见表 6-4。

表6-4 合格证系统功能清单

模块	功能	主要内容
系统管理	用户管理 基础平台	配置系统角色、权限,还可对其进行修改、删除等
基础模块	证书数据库	管理打印完成的证书,包括车辆合格证、产品一致性证书和能耗标识
	基础数据管理	根据各车型信息维护相应的基础数据,该数据由系统管理员提前录入
应用模块	车辆状态检查	系统打印合格证之前必须检查车辆质量状态。如果检查结果是否定的,则不允许打印合格证。检查内容如下: 过程质量:从MES获取生产质量结果 测试质量:从整车检测系统获取测试结果

6.2.4 CCR管控系统

整车厂总装车间通常设有中央控制室（CCR）。CCR管控系统主要负责ALC系统进行白车身进线指示、线边零件拣配指示、物料同步拉动指示,对其他车间进线生产及拉动指示。

如图6-7所示,CCR管控系统还用于监视生产过程中各种资源的情况。通过ALC生产监控模块获得生产动态实时信息。生产监视模块包括生产监控、物流监控、

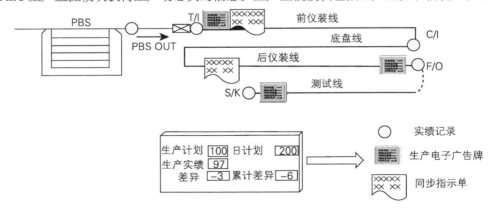

图6-7 CCR管控示意图

MES 终端监控、服务器和网络监控等。CCR 管控系统的监控画面实现生产车间和生产过程的可视化。生产车间的生产信息和设备信息被采集到 MES，线边操作人员和管理人员通过移动终端、线边可视化的屏幕等方式进行目视或查询。当生产出现问题时，CCR 管理人员可以迅速通知相关人员进行快速反应，从而在还没造成严重后果时将问题解决。

CCR 管控系统的主要功能包括：

① 管理生产主数据。

② 提供附加的报表和分析功能。

③ 生成和维护工作指令单。

④ 生成和维护 CCR 数据传输格式。

⑤ 设定 PBS 混线原则及总装进线队列。

⑥ 通过 ALC 系统对其他车间（发动机车间/树脂车间等）及周边同步厂商下达零部件拉动指示单，对厂内物流下达拉动指示。

⑦ 生成转换列表，指示各控制站打印机打印信息。

⑧ 车间生产信息及设备信息收集，当生产出现问题时进行异常的协调处理。

6.2.5 空车身存储区(PBS)管控系统

1. PBS 管控系统的作用

整车厂通常会设有车身储存线，在涂装车间的入口和出口分别规划有两块车身存储区域，如图 6-8 所示。在涂装车间的入口前端设有焊装车间完成的白车身存储区 WBS。由于涂装生产排序原则是小批量同色系喷涂生产，因此 WBS 存储的白车身会根据涂装日进线计划重新排序后再进入涂装车间生产线。

涂装完成的空车身进入 PBS 存储区。PBS 存储区一般采用按照车型规格（高/中/低工时）分开送入方式。PBS 管控系统的系统架构如图 6-9 所示。AVI 系统首先通过 RFID 确认从涂装下线空车身的顺序号与规格，然后根据总

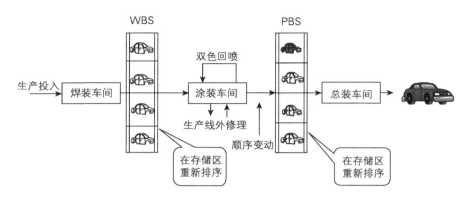

图 6-8　WBS/PBS 车身存储区示意图

装车间排序计划，由 CCR 管控系统确定 PBS 存储区空车身的进线序列。AVI 系统自动计算出当前车辆应当选择的道次，使用 TCP/IP 通信协议与 PBS 存储区的 PLC 联机，控制车体进线，实现空车身在 PBS 存储区的自动批次编组等功能，提高存储区后续工艺段的生产效率。

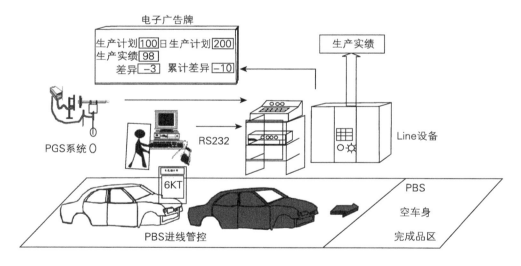

图 6-9　PBS 管控系统架构示意图

PBS 管控系统主要用于涂装车间与总装车间的衔接，其主要功能描述如图 6-10 所示。

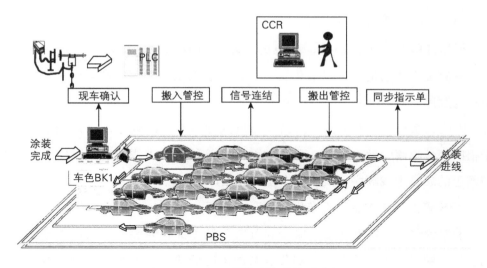

图 6-10 PBS 管控系统功能示意图

(1) 空车身存储

涂装车间一次性设备投资大。为了节省投资、提高设备利用率，一般采用成批轮番式三班生产。而总装车间一般采用两班制生产。不同的生产班制导致涂装与总装车间的产能不一致。而且即使班次相同，两个车间也存在有效工作时间和生产节拍不同的情况。因此，PBS 存储区是必要的空车身缓冲。

(2) 涂装与总装车间的缓冲

总装车间是成品生产车间，涂装车间属于零部件生产车间，通常情况下，总装不允许因涂装生产异常导致停产。同样，涂装也不能因总装的短暂停顿而停产。因此，采用 PBS 存储区将总装与涂装生产工序进行分隔，可以应对涂装与总装生产的不均衡，为涂装工序和总装工序提供成批量的可靠供应，同时维持一个较高的设备开工率。

(3) 异常车的存储和投入

对于缺件车，需移至 PBS 存储区落后车暂存线内。试装车由于装配工人熟练度不足，工时相对较长，一般插入到低装配工时车辆的后面投入生产。缺料车待异常消除后，由 CCR 人工管控车辆上线。

(4)车辆生产平准化调度

根据订单要求（如品种、颜色的要求）以及涂装、总装生产管理的需要（如现存配套件的情况、平准化生产），总装的生产顺序通常与涂装生产出的空车身顺序不同。

因此，系统一方面重新调整白车身进入涂装车间的顺序，满足涂装车间对于相同颜色喷漆的批量要求，另一方面根据总装的日进线计划调整空车身车型和颜色的总装上线顺序，实现多车型混流生产。

PBS管控系统的生产平准化调度要点如下：

①混合比例工数平准化。根据红黄白车型（红代表装配工时高的车型；黄代表指装配工时中间的车型；白代表装配工时低的车型）组别进行平准化工时统计。车辆投入根据高工时车优先搭配低工时车原则，以一定的车型比例进行上线投入，如平准化工数采用 M：H：L = 2：1：1，如图6-11所示。

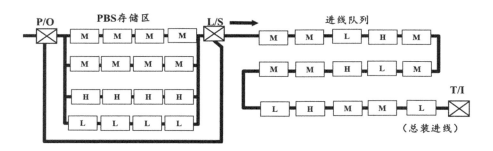

图6-11 PBS存储区排序示意图

其中：

M是指中工时车（1.4~2.0L），代表黄色车型装配工时群组。

H是指高工时车（2.0L以上），代表红色车型装配工时群组。

L是指低工时车（1.3L以下），代表白色车型装配工时群组。

②A/S计划完成时，决定生产序列。

③设备故障时，影响到车体的顺序时，PBS管控系统要确保平准化工数的遵守，避免高工时连续投入。

目前，也有部分整车厂在焊装车间、涂装车间和总装车间之间采用车身自动化立体仓库存放各种类型的车身，将 WBS 与 PBS 合二为一。为了满足批量和可靠性要求，通过车身立体仓库的自动控制系统进行车身的存放和提取。例如，确定从焊装车间下线的白车身在立体仓库的库位；对白车身进行涂装生产前的调度排序；确定涂装车间下线的空车身在立体仓库的库位；以及空车身进入总装生产前的调度排序。

丰田及其合资厂没有采用车身自动化立体仓库，究其原因是丰田认为自动化立体仓库掩盖了生产过程的问题，增加了车身库存和仓库运行成本，不利于流程的进一步优化和成本降低。

2．PBS 出库异常管理

PBS 异常排序管理模式如图 6-12 所示。

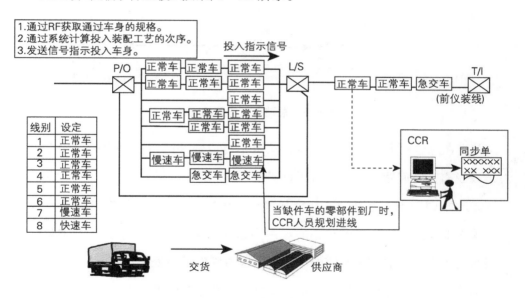

图 6-12　PBS 存储区异常处理示意图

快速线（急交车）及慢速线（缺件车）的管控步骤如下：

①设定快速线别，当急交车进线时，车体根据设定线别进入 PBS。

②设定慢速线别，当缺件车或管制试装车进线时，车体根据设定线别进入 PBS。

③当缺件车的料件到达时，CCR 人工将缺件车规划进线。

6.2.6 总装落后车管控

当总装生产线出现缺件或重大不良时，需要进行车辆移出和再投入管理。总装落后车管控流程如图 6-13 所示。

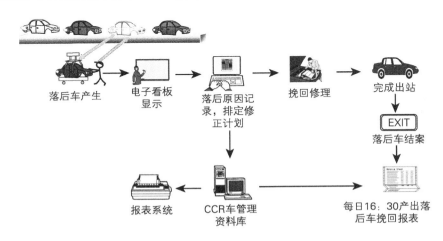

图 6-13 总装落后车管控流程

①当在总装线上发现车体不良、涂装不良或缺件的重大异常时，将车辆从总装线脱离，待问题处理完成后再重新投入装配线。

②通过 CCR 管控系统将车辆资料移动，再投入时进行资料修正。

③移出车辆时，所有未装完的零件要通知相关作业人员做异常专案处理。一般是将零件打包放在未装完的车身内，或做零件退库处理。

总装车辆上线异常发生后，正常情况下异常处理要求在 1h 内完成修正。修正人员修正完成后，再登录系统报工，修正内容及修正时间等相关信息进入修正资料库。对于超过 4h 以上滞留的落后车，CCR 会将其列入落后车管控报表，每班下班前系统自动将当班的落后车报表产出，一般管控追踪的是超过

4h/1天/3天的落后车,分别打印出报表提供给现场主管,重点对策检讨。此外,系统产出每班的品质管控报表和相关异常处理的推移图。

6.3 总装物流同步指示系统

6.3.1 总装物流同步拉动原理

汽车生产是一个庞大而复杂的工程,要求各部门、各系统协调一致的工作。为保证生产顺利有序进行,作为其中重要组成部分,物流必须保证生产线上各工位所需准确零件在准确的时间到达准确的地点。因此,不但生产控制需要 ALC 系统提供帮助,物流管理也离不开 ALC 的支持,离不开生产信息的实时采集。

ALC 物流供应同步指示系统可以实现总装车间生产与物流同步,使总装车间现场作业有序进行,物料供应及时、准确。ALC 物流同步指示系统的业务逻辑如图 6-14 所示。

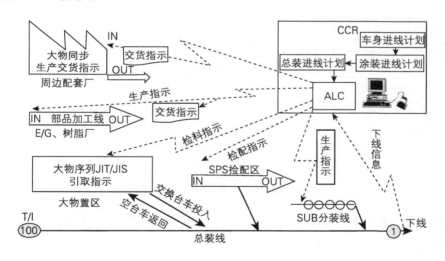

图 6-14 总装物流同步指示系统逻辑

ALC 系统在确定总装车辆进线顺序时,根据该车型是否缺料和空车身混线比例配置原则，在 PBS 存储区确定空车身。通过 L/S 点进入前仪装线 T/I 前的空车身排序上线区，每 20 台生成一个进线序列报表。系统向周边配套供应商进行同步的交货指示，也向厂内发动机等其他车间进行同步的生产指示和交货指示。供应商根据和整车厂约定好的每辆零部件运输车装载的交货台份及前置时间准时交货。

ALC 系统根据工程深度的不同，对不同工程深度的 Sub 线、SPS 拣配区同步进行指示。每满一个批次单位（4/5/10/20 台）生成一个排序送料指示报表给厂内各作业区，实现同步生产，同步送料。总装生产物流同步模式如图 6-15 所示。

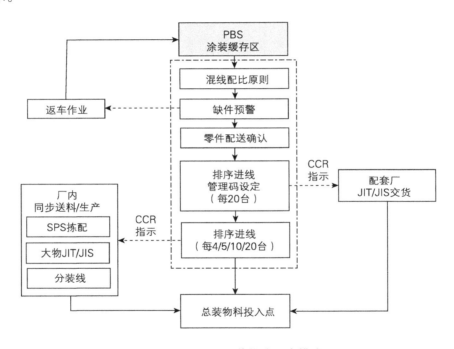

图 6-15　ALC 总装物流同步模式

整车厂大物一般采用 JIS 和 JIT 两种上线模式。具体选择时主要考虑混线车型的状态和大物包装形态，以此确定是否排序上线或原包装 JIT 拉动上线。一般情况下，混线车型越多的装配线采用 JIS 排序上线方案，以减少不同规格的零件占用的线边面积。不同的整车厂选定 JIS 排序的大物零件也不尽相同。

图 6-16 是某整车厂大物同步生产交货对象与交货台数设定表。其中，大物同步生产指示主要综合考虑零部件的包装规格、台车大小和拣配距离等因素，采用 2/4/5/10/20 台等不同交换台车的方式上线。

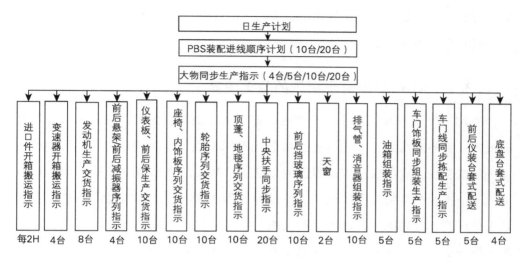

图 6-16　总装线大物同步交货设定表

SPS 是根据总装生产线车辆序列进行物料供应的一种精益物流方式（具体运作模式参考本书第 10 章）。SPS 的配送与 MES 系统的业务逻辑如图 6-17

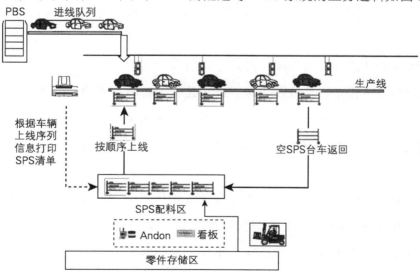

图 6-17　MES SPS 运作逻辑

所示。SPS 在车辆排序点采集车辆配置信息，通过 MES 获取随行配料信息，发布拣配单至 SPS 配料区，拣料人员根据打印的 SPS 拣配单分拣物料至随行料架，SPS 台车根据生产序列按序配送上线，在车辆完成装配后，再将空的 SPS 台车返回 SPS 配料区。

6.3.2 ALC 物流同步指示的位差设定

在 ALC 物流同步指示中，位差的设定是实现 JIT 拉动的关键。位差是指装配线各主要的大物和 SPS 台车的上线装配时间差或工程深度差异。工程深度是指将后仪装线、底盘线和前仪装线的装配工位数由后向前排成序列，以生产线最后一个作业车身位为参考控制点，设为工程深度的第一车身位。由后往前累计工程深度，最后的车身位就是前仪装的空车身投入点。每一个空车身为一装配工程深度。根据作业车身位（装配作业）位差进行生产同步指示的零部件物流拉动。

各装配点在投料时，系统会预先设定不同的投料深度，在不同时间形成投料指示的深度差异，由后往前设定不同的投料工程深度，形成同步指示的位差，各装配工站对参考原点的差异，如同水库不同高度水位的深度差。

对大件物料的顺引和顺建，设定不同的作业工程深度，采用一个单位数量进行供料的同步指示物流拉动。顺引或顺建指示时需要考虑线边安全库存、拉动效率及固定节奏等因素。安全库存一般设定 2 或 4 个台车，同一工位单次同步拉动为 1~2 个台车单位。为了提高物流效率，可同时牵引同一线侧不同零件的大物。

空车身的进线管理号码与工程深度的设定如图 6-18 所示。总装线进线一般采取 0 001~9 999 的 4 位数循环作为每个空车身的进线管理号码，总装车间上线前会贴上总装进线管理号条码，并与 VIN 码绑定。

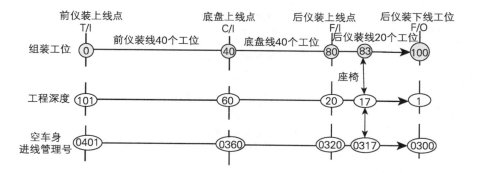

图 6-18　组装工位、工程深度与空车身进线管理号码对照

总装进线管理号码的主要作用是计算工程深度的深度差，即工位差/空车身的车位差。ALC 系统根据不同的大物投送深度差和设定的送料参数进行同步指示。

前仪装上线工位是总装线最开始的工位，组装工位是从前仪装线 T/I 进线点到后仪装线 R/F 下线点计算。涂装车间 PBS 移出以后进入进线队列一般是在高架上，在前仪装的入口处，由高架垂直进入地面前仪装线。由于 T/I 上线是移载作业区，一般设为第 0 工位。假设总装车间共 100 个工位（前仪装 40 个工位数 + 底盘 40 工位数 + 后仪装 20 工位数）。工程深度以后仪装线最后一台为第 1 工程深度，前仪装线的第一个组装工位是 100，前仪装上线搭载点是 101 深度，由后往前计算各大物装配工位的上线工程深度。例如，座椅是在装配线的第 83 工位，则其对应的工程深度是：100 - 83 = 17。假设下线车身管理号是 0300，则座椅装配工位的空车身车身号是 0317。

ALC 供料同步指示位差拉动系统程式设定的流程如图 6-19 所示。

对车身信息进行采集后，ALC 系统计算出各工位同步供料位差，在总装入口点 T/I 采集空车身进线唯一管理号后，直接触发打印装配清单和直接发布订单信息给各个分装模块点开始模块的分装配，指示 JIT/JIS 配送零部件上线装配。对于厂外 JIT/JIS 零部件，考虑工程深度的关系，以移出 PBS 时的 L/S 点采集得到的进线队列信息进行同步拉动指示。根据 ALC 系统打印的同步送料单，主装配线和分装线的物流操作人员进行拣配和排序作业。根据送料单内容在指定时间内将物料配送到指定工位，其业务流程如图 6-20 所示。

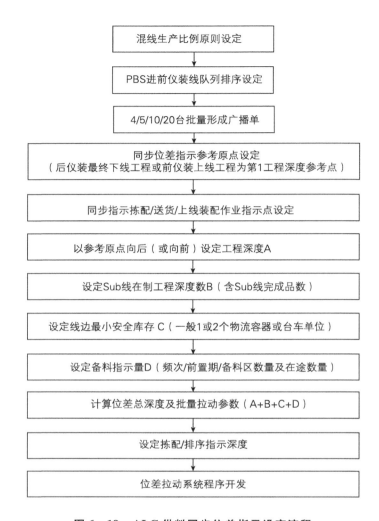

图 6-19　ALC 供料同步位差指示设定流程

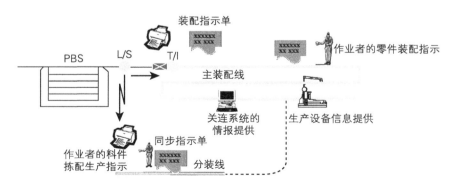

图 6-20　ALC 同步指示生产与物流作业

ALC 系统物料同步指示的基本要素包括：

（1）总装车间 L/S 点至总装第一工位的时间控制

利用 ALC 系统可以采集总装进线队列开始点 L/S 的进车情况。总装零部件供应商的供货时间是固定的，总装车间生产节拍加快会导致总装车间 L/S 点至总装第一工位 T/I 的时间减少，因而车辆到达工位的时间短于供应商供货准备和 JIS 排序零件上线时间，导致车辆已经到达装配工位而所需的零部件还未到达，出现缺件的情况，影响总装车间的正常生产。因此，必须严密监控车辆在这两个工位之间的运行时间。如果间隔时间小于标准值，可以通过增加进线队列空车身数，降低组装流水线的流速，实现车辆在这两个控制点（L/S 到 T/I）之间的运行时间大于零部件上线供货时间，保证车辆到达总装工位时零件都已备齐。

（2）生产信息采集

生产现场的车辆信息采集对物流控制非常重要。为保证零部件的及时供应，通常需要 ALC 系统实时采集生产线上各种生产信息，并将这些信息及时提供给各 JIT 供应商。这些信息包括经过某一 DCP 点（如 L/S 点）的车辆识别号、顺进线管理号码和通过时间等，见表 6-5。

表 6-5 车辆在 DCP 点的采集生产序列相关信息

时间	管理号	车身号	车型	颜色	数量
2017-0302-090754	6984	1123054	×××××	××××	1
2017-0320-090904	6985	1146066	×××××	××××	1
2017-0302-091014	6986				
2017-0302-091124	6987				
2017-0320-091234	6988				

（3）物流管控

零部件供应商在收到总装生产信息后，根据与整车厂事先的约定开始零件供货。其中，JIT/JIS 零件供货一般包括如下环节。

①整车厂设定少量的安全库存。

②供应商设定物流批次和物流量。

③供应商零部件生产。

④整车厂发布零部件同步指示信息。

⑤物流车辆装车运输。

⑥物流车辆到厂卸货或直送生产线。

如图 6-21 所示，物流控制就是监控零部件供货的不同阶段节点，保证零部件上线时间早于车辆到达安装工位的时间。在生产过程中，不但要利用 ALC 系统监控生产线实际的生产情况，还需要利用 ALC 系统的物料管理模块管控所有 JIT/JIS 零件的供应过程，包括供应商的零件准备情况、零件的运输状态、零件上线情况、匹配 JIS 零件排序序列是否与生产序列一致等。ALC 系统的监控模块和物料管理模块各个部分必须实时交互信息，随时判断每个零件所处的阶段，离最终上线所需剩余时间是否低于规定值，是否能够在车辆到达该工位前到达工位。一旦出现 JIT/JIS 零件没有在预定的时间到达预定的区域，ALC 系统立即亮灯报警，同时列出问题零件清单、供应商清单和受影响车辆的车辆清单，提请相关区域工作人员及时采取措施。

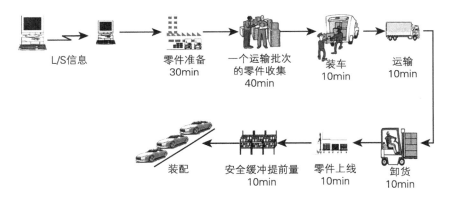

图 6-21 JIT/JIS 供货时间组成

通常 JIT/JIS 供货从总装 L/S 点开始，但对于某些零件，由于它的装配工位离 L/S 较近，而零件供应商的零件组装时间又较长，出现以 L/S 点为界点的工程深度不够，无法在规定的时间准备好相应的零件。此时为了有足够的工程深度以确保供应商有充足的备货时间，通过 L/S 点之前的数据采集点扫描车身条码获取车辆信息。利用 ALC 系统向该供应商提供车辆信息，供应商据此开始生产，生产完毕后存放在供应商仓库。当订单车辆进入总装 L/S 后，ALC 系统向供应商提供总装 L/S 车辆生产序列。供应商根据此车辆生产序列信息，对零部件直接进行排序，缩短零件上线时间。如果供应商距离整车厂较远或运输条件较差（如路线经常堵车），甚至可以将零部件仓库设置在整车厂内或周边，就近进行排序，保证零件上线时间低于车辆到达工位所需时间。

因此，对于 JIT/JIS 物流管理而言，不但要利用 ALC 系统采集总装车间的生产信息，还要采集焊装车间、涂装车间和车身储存区等工厂各区域的生产信息，从车辆开始生产就进行生产监控和 JIT/JIS 物料准备。

表 6-6 是某整车厂总装车间大物 JIS/JIT 供货深度同步生产指示清单示例。其中，厂内备料指示总深度＝工程深度＋线边在库＋分装线 WIP 在库＋备料指示量。

表 6-6 总装车间大物同步指示清单

项目	组装工位	工程深度	线边库存	SUB 线 WIP	备料指示量		总装车间厂内备料指示总深度
座椅	83	17	10 (5×2)		10 (5×2)	37	17＋10＋10
轮胎	72	28	10 (5×2)		10 (5×2)	48	28＋10＋10
前保险杠	69	31	10 (5×2)		10 (5×2)	51	31＋10＋10
备胎	61	39	10 (5×2)		10 (5×2)		
排气管	58	42	10	10	10		
发动机	51	49	4	16	8 (4×2)	77	49＋4＋16＋8
变速器	51	49	4	11	4	68	49＋4＋11＋4
前悬	51	49	4	4	4		
后悬	47	53	4	6	4		
油箱	45	55	10 (5×2)	5	5	75	55＋10＋5＋5

(续)

项目	组装工位	工程深度	线边库存	SUB 线 WIP	备料指示量	总装车间厂内备料指示总深度
风窗玻璃	33	67	10		10（10×1）	
仪表板	22	78	2	15	10（5×2）	105 78＋2＋15＋10
后保险杠	18	82	10（5×2）		10（5×2）	
顶篷	10	90	10		10	
天窗	9	91	2	1	2	

注：大物线边在库原则上设定 1~2 个台车。

汽车座椅一般是由供应商组装好后排序直送整车厂。图 6-22 是某整车厂座椅配送采用自动输送线送料模式，供应商根据 JIS 排序指示，按 20 台份进行批次顺序交货，厂内物流人员采用台车，每 5 台份一车进行送料。

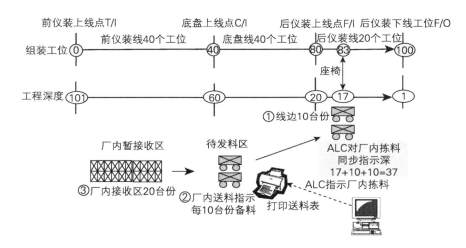

图 6-22　汽车座椅同步送料指示

座椅的备料指示总深度是座椅的工程深度 17 ＋ 线边在库 10（2 个送料台车，每台车 5 台用量）＋ 备料指示量 10（2 个送料台车）。当后仪装下线累计 10 台时，系统自动打印第二张备料量为 10 台份的送料指示单（包含管理号 ＋ 车型规格），见表 6-7。

表 6-7 座椅 JIS 排序交货指示单

流水单号：001						工位：F03R		交货时间 2017-01-05-08:30:00	
序号	管理号	件号	件号代码	件名	数量	车型	物流商	供应商	上线时间
1	0021	×××BE	GS02	前座椅	1	××××	CX3PL	GSME	09:00:00
2	0022				1				09:04:00
…	…				…				…
20	0040				1				10:20:00

远距离供应商的大物一般是由供应商或第三方物流送至整车厂仓库，在整车厂仓库内完成排序送线。ALC 系统根据当日作业计划、实际生产进度和各装配工位的工程深度打印配送单，指示整车厂内物流操作员将仓库大物排序（4/5/10/20 台），并在指定时间内送至指定装配工位。图 6-23 是 ALC 系统同步指示厂内大物排序和中小物 SPS 拣配。

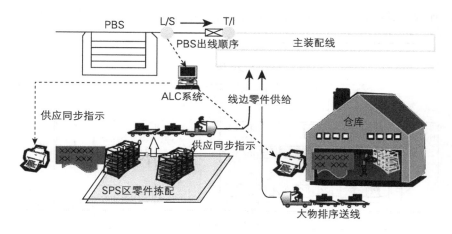

图 6-23 大物排序与中小物 SPS 同步送线指示

某整车厂的总装 SPS 供货指示工程深度示例见表 6-8。

表 6-8 总装 SPS 供货指示深度示例

线别	工程深度	线边库存	SPS 区 WIP	备料提前指示量	厂内备料指示		备注
						总工程深度	
前仪 1 线	100	2	1	5	108	100+2+1+5	
前仪 2 线	77	2	2	5	86	77+2+2+5	

（续）

线别	工程深度	线边库存	SPS区WIP	备料提前指示量		厂内备料指示总工程深度	备注
仪表板分装线	78	2	15	5	100	78 + 2 + 15 + 5	备料提前5台指示
底盘线	60	2	2	5	69	60 + 2 + 2 + 5	
发动机/变速器合线	49	4	16	5	74	49 + 4 + 16 + 5	
车门分装线	37	2	12	5	56	37 + 2 + 12 + 5	
后仪线	20	2	2	5	29	20 + 2 + 2 + 5	

6.3.3 总装同步生产指示应用案例

1. 仪表板分装线 SPS 同步生产指示案例

某整车厂是在总装车间前仪装线边的仪表板分装线进行仪表板分装，如图 6-24 所示。其中，仪表板搭载点是第 22 工位，上线搭载点的工程深度是 78。

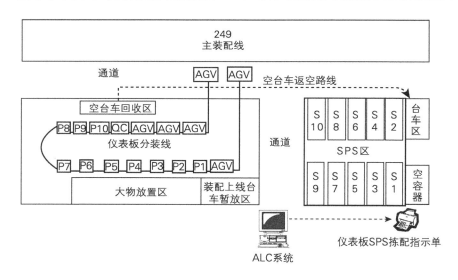

图 6-24　仪表板分装线同步生产示意图

仪表板分装线装配工站共有 11 个。S1 到 S10 工站是作业工位，第 11 工站为检查测试工站，采用 AGV 搭载仪表板料架进行装配。AGV 方式相对柔性，可以弹性增加工位数。当产量增加时，增加 AGV 工作台车；产量减少时则减少

AGV 工作台车，弹性调整工站数量。仪表板分装线的进线暂存区库存设定为 1 台份，完成品暂存区的库存设定为 3 台份，总装线边的安全库存量设定为 2 台份，备料提前指示是 5 台份，则仪表板分装线进线暂存区的上线指示深度为 95（78+1+11+3+2），备货指示深度是 100（95+5），拣配区的拣料指示深度是 100。

仪表板分装线的物料配送采用 SPS 方式。拣配区的零部件按照装配工位集中摆放，拣配完成的 SPS 台车搭载在 AGV 工作台车后面，随 AGV 工作台车移动，在最后一个装配工位第 10 工位装配完成后，工作人员将 SPS 台车从 AGV 工作台车分离，放置于 SPS 空台车回收区。仪表板组装在完成检查合格后由 AGV 牵引送至总装线，上线装配完成后的空台车随 AGV 返回拣料区。仪表板排序交货指示单示例见表 6-9。

表 6-9 仪表板排序交货指示单示例

流水单号：060			厂内序列配送单				工位		A-C29
序号	管理号	数量	车型	料位	件号	件号代码	件名	上线时间	供应商
1	0601	1	A	F05-4R		SN01	仪表板	17-0320-10:05	树脂车间
2	0602	1	D			SN02		17-0320-10:09	
3	0603	1	A			SN03		…	
4	0604	1	E			SN04			
…	…	…	…			…			
10	0610	1	B			SN05			

2. 油箱顺建区工程深度指示案例

某整车厂油箱的供应商是中远距离厂商。供应商首先送货至整车厂周边第三方物流的油箱顺建区，根据 ALC 系统每 5 台供应指示进行油箱排序备料，采用台车送至预装线，预装完成后每 5 台份同步送货至总装线边，油箱顺建的具体方式如图 6-25 所示。

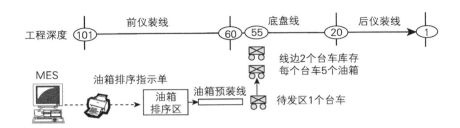

图 6-25　总装油箱拣配工程深度指示

油箱在底盘线第 6 工位装配，从总装下线倒数为第 55 个车身位，即此车身位的工程深度为 55，线边库存为 2 个物料台车，合计 10 个油箱，油箱预装线 5 台份，待发区 1 个物料台车，备料提前指示是 5 台份。

因此，油箱作业工位的备料总深度为 55 + 10 + 5 + 5 = 75，即油箱顺建排序区的下一个进线备料指示是从 70 到 75，依进线顺序将油箱排序放置于台车上。根据物流排序配送周期送至线边，并交换空台车，送货周期是每台的 T/T ×5。如果 T/T 是 3min，则油箱的排序配送周期为 15min。

3. 发动机车间 SPS 同步生产指示案例

图 6-26 是对某整车厂总装车间发动机/变速器合装线 SPS 拣配指示工程深度的说明。

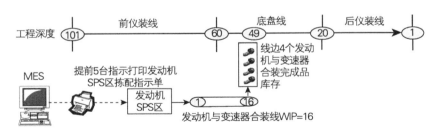

图 6-26　发动机/变速器合装线 SPS 工程深度指示

其中，发动机/变速器合装完成品在底盘线第 12 工位装配，由总装下线倒数为第 49 个车身位，即此车身位的工程深度为 49。底盘主线线边库存设定 4 台份，发动机/变速器合装线 16 台份，备料提前指示是 5 台份。因此，SPS 区的备料总深度为 49+4+16+5＝74，即下一个进线备料指示是从 70 到 74。根据进线顺序将 SPS 物料放置于台车上，按台套送至合装线线边。

SPS 备料提前 5 台份的依据是 2 台份拣配完成送到生产线边，拣配中 2 台份，打印 1 台份。发动机与变速器合装线的 SPS 拣配指示打印单如图 6-27 所示。

组立顺序	确认	车型代码	车型规格	发动机号	变速箱号	车身号	车色
0074	√	S 02	S×1××-A××B*****	××××××	××××××	003528	6KT

图 6-27　合装线 SPS 拣配指示单

发动机装配线如图 6-28 所示，其中①是 WIP（工程在制量）52 台，②是下线后的安全库存 20 台，③是同步送料 20 台，④是合装线线边库存 8 台，⑤是合装线 WIP16 台，⑥是总装线边的完成品 4 台，发动机在制量和库存量合计 120 台。

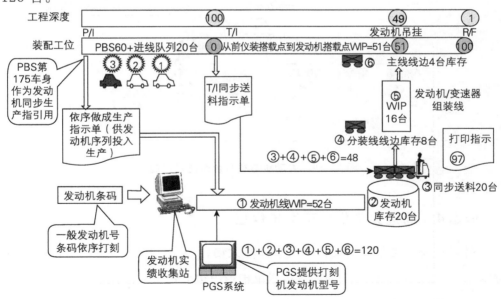

图 6-28　主线与分装线同步指示示例

发动机与变速器组装完成后进入总装线的搭载工位是从前仪装进线点开始计算的第 51 工位，PBS 的库存及进线队列是 80 台，由搭载工位到 PBS - IN 的未完成车合计 131 台。发动机装配线生产投入指示深度（131）大于发动机在制量和库存量的总和（120），所以从 PBS - IN 点采集的数据作为发动机厂的组装指示点可以满足指示工程深度的要求。

从 T/I 到总装线发动机搭载点共有 51 个车身位，51 > 48（③ + ④ + ⑤ + ⑥）。所以 ALC 指示发动机车间同步送料的指示单列印点选定为 T/I。发动机车间的送料指示深度为 49 + 4 + 16 + 8 + 20 = 97。

此外，发动机/变速器搭载发生错装时会产生较大的修正工时。如图 6 - 29 所示，为了预防错装，发动机/变速器与空车身搭载时需要扫描发动机号与管理号，ALC 系统进行自动比对，确保搭载装配正确。

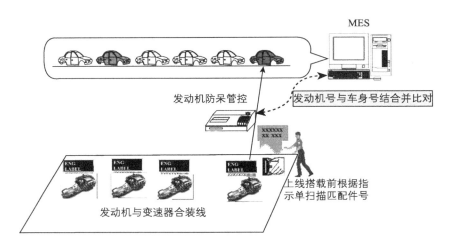

图 6 - 29　发动机与车身合装防错机制

6.3.4　周边大物供应商同步供应

针对座椅、轮胎、饰板、底盘大件等大物，整车厂一般根据物流配送车辆的装载量，通过 ALC 系统的交货指示单指示周边大物供应商同步交货，大物供应商同步供应的原理如图 6 - 30 所示。

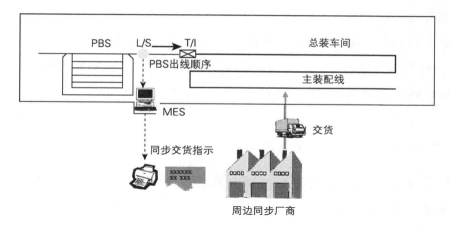

图 6-30 大物同步供应原理

JIS 同步供应商一般在整车厂周边设厂，车身在涂装车间涂装合格进入 PBS 区。在 PBS 出口区 L/S 控制点，通过 RFID 读卡器读取车身信息，每累计 20 台向大物供应商下单，指示供应商按排序要求和规定时间完成交货。

1. 某整车厂非自动供料输送线的座椅供应商同步交货指示案例

如图 6-31 所示，整车厂参考周计划每日定时向座椅厂商发布次日生产备货指示，生产有异常时会进行微调。ALC 系统根据 PBS 出库及组装线座椅投入工程深度，每 20 台同步发送座椅厂商的出货序列及到货交货时间，实现定量供应（每 20 台序列指示交货）。

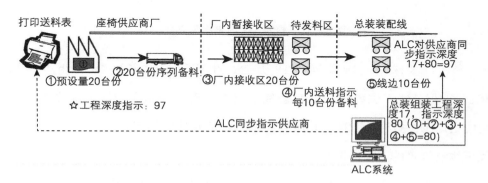

图 6-31 汽车座椅同步序列交货指示

第 6 章　总装车间 MES

在整车厂内,备料区最大库存设定为 40 台份(20 台份 +5×4 个台车),最小库存设定为 10 台份,另外周转台车 4 台份(线边 2 台份、送料在途 2 台份)。厂内转换台车备料指示深度是 37(工程深度 17 +线边库存 10 +备料指示 10)。在总装后仪装线,座椅装配工程深度是第 17 工程深度,指示深度是 80(线边 10 +备料区 10 +接收区 20 +厂商出货备料 20 +预示量 20),所以 ALC 对座椅厂商出货备料预示量指示的工程总深度设定为 97(装配工程深度 17 +指示深度 80)。

2. 某整车厂轮胎分装同步拉动生产指示案例

某轮胎装配企业距离整车厂约 10min 车程,采用如图 6-32 所示的轮胎同步交货策略,为整车厂生产和配送组装好的轮胎。

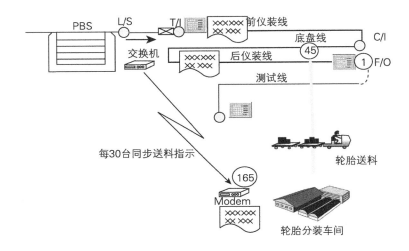

图 6-32　轮胎 JIS 同步序列交货指示

整车厂要求第一阶段年产 12 万台,生产节拍设定为 45 台/h,T/T 为 80s。前仪装线工位数是 91,底盘线工位数是 66,最终装配线工位数是 37,总装线生产工位数合计 194。轮胎进线装配点是底盘线的第 58 工位,从最终装配线下线点倒算的工程深度是 45。

每次轮胎配送的车载量为 30 台份,整车厂轮胎排序的备料同步指示采用一车 30 台份。底盘线线边的轮胎最大库存设定为 60 台份(30 台 ×2 车),最小安全库存30台份，在途库存30台份。因此，备料指示的总深度是120，总装车间在前仪装线第29工位（第165工程深度）发出新的轮胎送料指示单给轮胎装配企业。具体计算逻辑如图6-33所示。

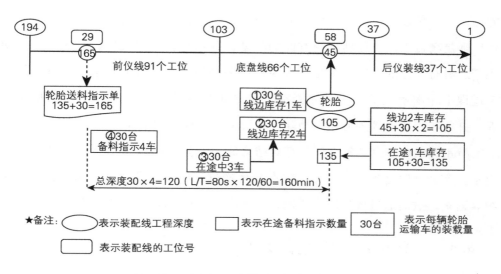

图6-33 轮胎自动排序工程指示深度示例

6.4 Andon系统

6.4.1 Andon与精益生产

Andon的概念来源于丰田的TPS。Andon是一种提升制造质量和生产效率的有效手段。Andon基于一开始就重视品质管理原则，使生产线具有发现问题并立即停线解决问题的能力，同时通过报警通知相应人员进行及时处理。

Andon将生产现场状况采用一种可视化的讯号进行表示，提供直观了解制造计划、生产条件和进展状态的简单视觉信号。其信号标准含义一般定义为绿色代表进行中，红色代表停止状态，黄色代表注意。还可以增加其他种类颜色以实现特定的信息传递。Andon系统非常适合连续性生产，是汽车制造行业的一个通用系统。Andon 系统通过视觉方式表示的电子广告牌，便于生产现场做出及时响应和处理。

Andon 系统可简单定义为可视管理系统。可视管理是实施精益生产的重要方法之一。精益生产管理思想的最终目标是企业利润的最大化。拉动式准时化生产则是精益生产在计划系统方面的独创，并具有良好的效果。准时化生产使生产线具有一定的柔性，满足现代生产中多品种、小批量的要求，充分挖掘生产过程中降本增效的潜力。精益生产通过准时化生产、少人化、全面质量管理、并行工程等一系列方法来消除一切浪费，实现利润最大化。

Andon 系统使生产各个环节有效结合成为一体。通过 Andon 系统的显示或提示，实现准时化生产的目标。在产品生产过程中不断发现质量问题、产能制约等因素，进而通过各种改进措施，逐步实现生产过程的准时化目标。

6.4.2 Andon 的主要功能类型

Andon 系统是一种通过声光报警提示相关人员及时响应的系统。系统的硬件构成主要包括 PLC、呼叫按钮盒/拉绳、Andon 报警灯、LED 显示器等。在生产过程中，当生产现场出现设备故障、物料缺陷、生产工艺等问题时，可以通过现场生产工位的 Andon 装置进行报警呼叫，将现场情况反映给相关人员，以便及时处理。Andon 系统按功能类型主要分为质量 Andon、物料 Andon 和设备 Andon 三种。

1. 质量 Andon

质量 Andon 目前广泛应用于流水线生产，实现质量控制，防止质量问题蔓延。质量 Andon 要求装配人员有能力在其工位上按时、按质、按量地完成零部件的装配，防止将质量问题传递到下一个工位。质量 Andon 系统的主要功能包括拉杆、显示板和音乐箱功能、质量控制台功能、重要事件提醒功能以及停机报表应用功能等。

如图 6-34 所示，质量 Andon 系统的一般作业流程如下：

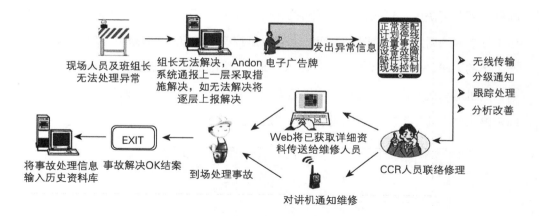

图 6-34 质量安灯系统的一般业务流程

①当操作人员发现与产品制造、质量有关的问题时,可以直接按下 Andon 按钮,激活 Andon 系统。通过操作工位的信号灯、Andon 看板、广播等将信息发布出去,提醒所有人注意。

②班组长响应质量要求,与操作人员一同确定问题。如果班组长可以解决问题,重新按下 Andon 按钮,生产线恢复正常。如果确定问题必须向其他部门求助解决,则班组长通过设置在集中区域的呼叫台进行呼叫,将信息类型、呼叫内容再次通过 Andon 看板、广播等进行发布,呼叫物料、质量、油漆、维修等部门进行问题处理。

③采用过程控制的显示看板,看板高亮显示信号状态。

④异常信息采用逐层报警机制,发送方式的多样性:如即时通信软件、短信、邮件等,保证异常状况得到迅速有效的处理。

质量 Andon 系统的主要功能包括:

①拉杆、显示板和音乐箱的功能。如图 6-35 所示,拉杆、显示板和音乐箱的主要作用是当装配人员发现质量问题需要寻求帮助时,可拉下所占工位的拉杆或拉绳向班组长汇报质量问题和请求帮助。拉杆或拉绳触发 Andon 系统,并点亮 Andon 板上与此工位相对应的灯号表明需要帮助,同时播放乐曲以便引起注意。不同班组对应不同旋律的乐曲。班组长通过显示板上的灯号和音乐找到相应的工位,并解决

问题。问题解决后,再次拉动拉杆或拉绳使系统回到正常状态。如果问题在车辆到达工位末端的固定停止位时,生产线上某质量控制点 QCOS 的操作参数仍未达到生产工艺的要求,Andon 板上会自动显示与此工位相关的求助信息,同时播放相关乐曲,向机运系统发出停线信号,使机运系统停止运行。反之,如果问题在车辆到达固定停止位之前已解决,则机运系统正常运行。

	T1	T2	C1	C2	F1	IP
CL	1	2	3	4	5	6	7
EU	8	9	10	11	12	13	14
EG	15	16	17	18	19	20	21
目标产量		实际产量		下线合格率		停机时间
600		580		98%		30:00

T2线21工站亮红灯异常停线,同时音乐响起

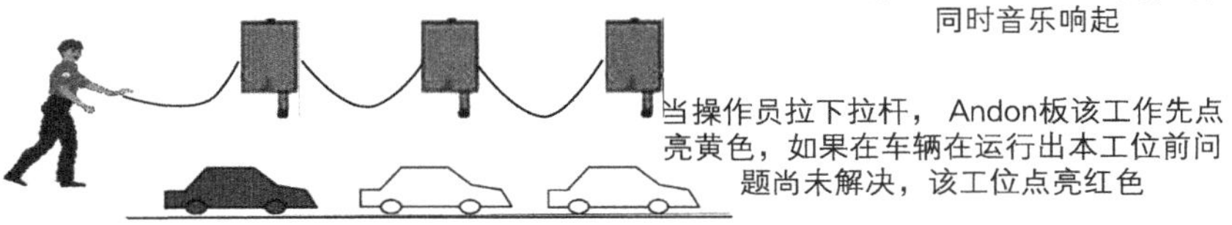

当操作员拉下拉杆,Andon板该工作先点亮黄色,如果在车辆在运行出本工位前问题尚未解决,该工位点亮红色

图 6-35 质量安灯原理图

②质量控制台的功能。质量控制台一般安装在车间生产线的质量检查工位。如图 6-36 所示,控制台面板上设有带灯按钮,某个按钮(除 NOK 按钮)按一下,该按钮灯亮,播放相应音乐,Andon 板上配置的相应灯亮,再按一下该按钮,按钮灯和 Andon 板上相应灯复位。

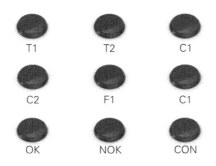

图 6-36 质量控制台示例

其中，各按钮的对应功能如下：

T1：内饰1的所有工位问题。

T2：内饰2的所有工位问题。

C1：底盘1的所有工位问题。

C2：底盘2的所有工位问题。

F1：最终装配线的所有工位问题。

CL：出厂大门工位。

OK：产品合格计数。

NOK：产品不合格计数。

CON：对产品合格与不合格的确认。

③重要事件提醒功能。重要事件提醒功能主要包括对班组长任务提醒、质量检查任务提醒和安全事件显示提醒等。

④停机报表应用功能。系统数据库中保存所有拉杆呼叫记录，可生成相关报表。管理人员通过使用日期、工位和工段等查询方式产生详细的报表统计。

2. 物料 Andon

物料 Andon 系统是在传统 Andon 的基础上发展起来的。如图 6-37 所示，在生产工位旁安装有一定数量的物料呼叫请求按钮。生产工位在需要物料时，借助 Andon 系统实时反馈生产线上物料呼叫请求。利用车间现场和物储存区的信息显示板，将需求信号、零件储位指示及和配送任务传递至物料部门。物料部门接到信号及时供料，避免生产线边出现物料短缺，最大程度提高配送效率，减少配送过程中的人为错误。Andon 物料拉动的主要操作流程包括线边呼叫、物流人员响应、扫描看板卡、零件出库配送上线和线边复位零件呼叫安灯五个步骤，实现线边零件的实时拉动。

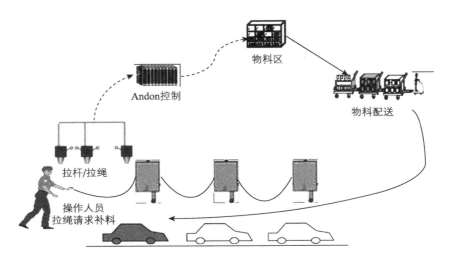

图 6-37 物料安灯原理图

物料 Andon 系统与 MES 的运作逻辑如图 6-38 所示。物料 Andon 系统根据 MES 的生产计划，指示零部件配送人员按时将零部件送到生产线上或 SPS 零部件分拣区。当物流配送实际状况与指示计划出现异常时，Andon 系统将发出相应告警信息。在验收零部件过程中发现零部件异常时，零部件配送人员向物料 Andon 发出异常呼叫，管理人员进行及时处理，确保零部件收货完好。

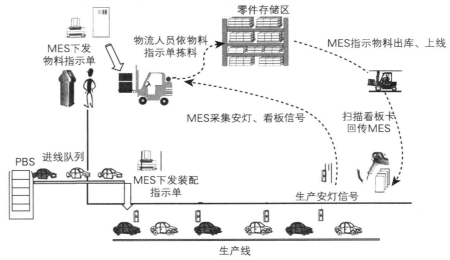

图 6-38 物料 Andon 与 MES 运作逻辑

具体运作流程如下：

①当物料缺料的数量达到所设置的预警数时，Andon系统自动发出报警信号。

②通过安装在车间现场和仓库的显示看板反馈生产线物料呼叫请求的相关信息。

③物料配送人员根据显示看板上的信息及时进行物料配送。

④为了有效进行物流标准化作业，Andon系统会实时记录下每一次物料请求发生的时间、地点以及对物料请求的响应情况，并对此进行分析。针对异常情况除发出报警外，还可以进行履历记录。

3. 设备Andon

设备Andon主要用于提示生产现场的设备维修保全人员及时响应设备故障及维修。在生产过程中，各个工位的设备操作人员可通过Andon系统的触摸屏、呼叫按钮盒等向班组长汇报设备故障或其他请求帮助等。Andon拉绳让作业人员可以快速、容易地呼叫请求帮助，而不必停下手头工作走到一个固定位置去拍按钮。

通过Andon系统的看板、呼叫音乐和Andon管理软件，可以及时显示生产信息和设备、机运的故障，并将生产现场的设备问题通知到班组长和设备保全人员，请求尽快帮助解决问题，班组长无法自行解决时通知CCR联络相关人员及时协助解决。此外，通过报表可以查看请求帮助、故障等相关历史信息统计。

6.4.3 总装Andon系统

Andon主要用于帮助生产线的操作人员在一定生产节拍内完成质量可靠的产品装配任务，在汽车冲压、焊装、涂装、总装四大工艺车间和动力总成车间广泛应用。由于各车间Andon系统的结构与功能类似，本节以总装车间为例，具体说明 Andon 系统结构、功能设计和运作方式。

Andon 系统是一个典型分布式集散控制系统，其系统组成与网络结构如图 6-39 所示。

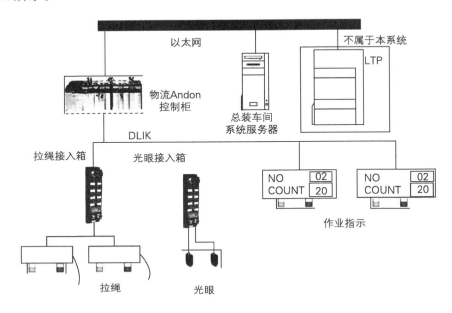

图 6-39 Andon 系统硬件架构

第一层是工业以太网，采用 TCP/IP 协议，可以方便、灵活、高速地从各种不同的系统中获取大量信息，供 Andon 系统使用。第二层是现场总线，如 Profibus、Dlink 等协议，实现快速采集和控制现场各种信息，并能保证 Andon 系统的高可靠性。Andon 系统以 PLC 作为主控制器，通过现场总线、现场控制器、I/O 模块与音乐盒、质量台、质量拉环、QCOS、Data Panel、生产线控制器等相连。同时，通过以太网与 Andon 板、主监控计算机、其他系统 PLC 和系统服务器的 HMI 通信和交换数据，实现信息采集和处理，进行系统控制。

拉绳开关和信号灯配有网关与输入输出模块，通过现场总线与 Andon 系统的 PLC 进行通信，总线形式和总线器件与电气控制系统保持一致。拉绳开关连接到 I/O 箱的输入模块，将信号传入 PLC。当拉绳呼叫发生时，通过输入模块将信号传回到 PLC。拉绳开关配套的柱灯连接到 I/O 箱的输出模块。当有拉绳呼叫时，通过输出模块来控制柱灯的显示。同时，Andon 系统的 PLC 配有以太网网络接口，并通过交换机和网络连接到 Andon 系统服务器。总装车间车身输送、仪表分装、前段分装、底盘结合和底盘分装等自动化输送线的启动和停止控制则由 ALC 系统控制实现。

在各生产线旁分布安装大屏显示器，并根据各输送线对 Andon 系统的显示区域进行划分，各显示器只显示与本区域相关的信息。Andon 系统将总装各线的要料、求助工位、故障等信息通过网络统一采集和处理。

Andon 系统服务器一般包括 Andon 信号采集服务器、显示器管理服务器、数据库服务器、摄像系统服务器和 Web 服务器。Andon 系统服务器再通过以太网连接到 ALC 系统的 CCR。Andon 系统服务器是主监控计算机，主要用于用户管理、系统参数配置、系统状态与现场信息的监控、系统信息的存储、统计分析和报表等。

主监控系统采用 Client/Server 层次架构。以主监控计算机作为 Server 端，现场其他工作点作为 Client 端，实现集中管理，分散控制，数据统一管理。系统既可在现场实时采集数据，又能在办公室设置，监控生产状态；主监控计算机具有信息发布功能，提供车间局域网查询。客户端是监控浏览计算机，用于生产管理人员远程浏览主监控计算机上的所有信息。

生产线 Andon 系统的信号和信息显示在总装各生产线线边的显示面板，可以显示所有现场生产、设备和安全信息。包括每条生产线、每个工位的呼叫次数和时间、QCOS 报警、设备故障显示、物料输送、缓冲区状况、生产线运行状态、线体（当前班次）的入口空和出口满的总次数和总时间、当前班次的实际产量、目标产量、合格率、停线时间、安全事故等，方便现场管理人员和生产人员了解当前整个生产、设备状况。

总装 Andon 系统的作业流程如图 6-40 所示。

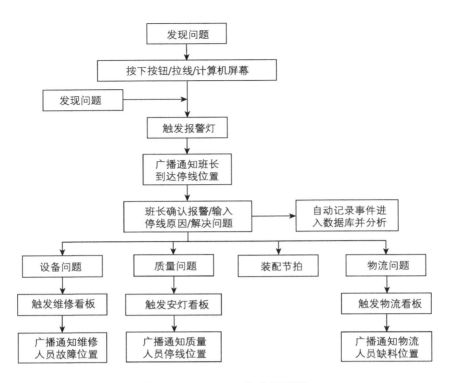

图 6-40 Andon 作业流程图

总装 Andon 系统的主要功能包括：

①作业管理。在不停线的情况下，允许操作人员请求支援，各工序通过系统进行必要的信息远程传递和呼叫。

②设备 Andon。生产线进行人工故障呼叫和设备故障处理，进行停线工时统计和设备故障报表分析。

③质量 Andon。主要提供人工呼叫质量问题，进行质量数据采集和系统反馈，确认装配质量和报表统计等功能。

④物料 Andon。对零部件物流配送的需求实时呼叫，对生产过程的物流问题进行实时记录并统计生成报表。

⑤停线管理。通过 Andon 自动判别系统停线或者计划停线。

⑥看板管理。看板除常规工位状态显示，能够进行当班生产计划、完成产量、时间等有关信息显示。

参考文献

[1] 丁德宇. 智能制造之路 [M]. 北京：机械工业出版社，2017.

[2] 大野耐一. 丰田生产方式 [M]. 谢克俭，等译. 北京：中国铁道出版社，2016.

[3] 刘树华，鲁建厦，王家尧. 精益生产 [M]. 北京：机械工业出版社，2009.

[4] 徐海宣，冯韬. 汽车生产中的 IT 技术 [M]. 北京：机械工业出版社，2014.

[5] 穆罕默德·奥马尔. 汽车车身制造系统与工艺 [M]. 王悦新，等译. 北京：化学工业出版社，2016.

[6] 王晶，王彬，王军，等. 基于信息化的精益生产管理 [M]. 北京：机械工业出版社，2016.

[7] 李向文. 汽车物流信息化 [M]. 北京：北京理工大学出版社，2013.

[8] 沈雁. CFMA 南京公司汽车生产控制系统建设的规划与实施研究 [D]. 南京：南京理工大学，2010.

[9] 成猛. 汽车制造涂装生产线信息化集成平台研究 [D]. 成都：电子科技大学，2014.

[10] 胡元庆，曾新明. 汽车制造物流与供应链管理 [M]. 北京：机械工业出版社，2015.

[11] 彭俊松. 汽车行业供应链战略、管理与信息系统 [M]. 北京：电子工业出版社，2006.